Peter G. Zöls

Versuchende

Friedrich Nietzsche und die Ästhetik

Herstellung und Verlag

Books on Demand GmbH
Gutenbergring 53
D-22848 Norderstedt

ISBN- 9783837085303

Inhaltsverzeichnis

Vorwort

Im jugendlichen Alter ist mir Schillers „Ästhetische Erziehung" in die Hände gefallen. Ich ahnte damals nicht, dass dies von nun an meine ganze weitere Entwicklung entscheidend bestimmen sollte. Der Text hat mir damals eindringlich vor Augen geführt, dass ich in meinem Werdegang nicht nur gegenüber der Gesellschaft verpflichtet, sondern zunächst einmal für mich selbst verantwortlich bin.

Ich habe dann daher gemäß guter humanistischer Traditionen verschiedene Tätigkeiten durchlaufen, war Beamter, Lehrer Student, Kaufmann, Maler, Galerist, Kunsterzieher, Philosoph, Rentner, Pleitier, Witwer, Alleinerziehender, nun Autor, um nicht zur Funktion zu erstarren. Mir wurde zwar nicht die Leiter unter den Füßen weggezogen, es sah eher wie eine Treppe aus und ich hatte immer wieder die beklemmende Vision , dass ich ein Baum sei, der zwar prächtig gedeiht aber dann plötzlich abgesägt wird, bevor er sich entfalten kann. Die Gesellschaften dulden kreative Menschen kaum, sie sind in ihren Augen schlechte Konsumenten, weil sie sich selbst verwirklichen. Darüber hinaus gelten sie als aufmüpfige Arbeitnehmer und Querulanten in dieser verkrusteten Gesellschaftsstruktur, die nur aus Arbeitnehmer und Arbeitgeber zu bestehen scheint Und den Ständen mit ihrer Lobby.

Ich hatte daher in meinem Leben kräftigen Gegenwind und habe ihn heute noch., denn die „Anderen" fürchten den Künstler, weil er etwas lebt, was sie glauben verdrängen zu müssen.

Ähnlich erschüttert war ich, als ich mich später mit Texten von Friedrich Nietzsche beschäftige habe. Hier war eine mehr fragmentarische Ästhetik am Werk, die nicht so fest umrissen schien, wie bei Schiller.

Im Rahmen meines Philosophiestudiums hat mir das keine Ruhe gelassen Ich habe mich dann näher damit beschäftigt und herausgefunden, dass sich bis zu einem entscheidenden Punkt Nietzsche auf die ästhetischen Erziehung Schillers stützt, auch wenn der Form und Stofftrieb dabei durch die apollinische und dionysische Komponente ersetzt wird. Wenn es allerdings darum geht, die schöpferischen Erfahrungen wieder unter das Zepter der vielbeschworenen Vernunft zu bringen, spielt Nietzsche da nicht mehr mit und weist zu recht auf einen   unvereinbaren Widerspruch hin, da ein Künstler unter diesem Aspekt zwangsläufig seine Kreativität einbüßt .Das ist ein dynamisches Wechselspiel zwischen den zwei Grundtrieben, bzw. Gottheiten. Im Laufe der Entwicklung war bei Nietzsche mehr die dionysische Komponente dominant, während bei Schiller wohl mehr das Apollinische im Vordergrund stand. Schon bei Platon ziehen zwei Pferde den Seelenwagen, eins davon ist gut, das andere schlecht, wobei sie ich allerdings im besten Fall ergänzen sollten.

Nietzsche war seiner Zeit weit voraus, seine Vorstellungen lassen sich aber wohl eher nicht in einer bürgerlichen Gesellschaft realisieren, in der eine Verarmung von Kunst, Kultur und Bildung zu beklagen ist, zugunsten der Zelebrierung des Warenfetisch. Und eine Eiszeit der menschlichen Beziehungen. Früher wurden mit dem erzielten Mehrwert noch Schlösser gebaut, heute wird das Geld einfach verzockt. Diese Ideenlosigkeit der bürgerlichen Gesellschaft kann auch als Signal gewertet werden, dass sie am Ende ist und in einem neuen Zeitalter werden die Menschen ihr eigenes Schicksal selber in die Hand nehmen müssen. Nicht unbedingt zu ihrem Schaden.

Der goldene Baum

Zwischen bunten Blumen steht ein strahlender Baum
Unvergleichbar herrlich anzuschaun,
umhüllt von fliederfarbenen Saum
und einer goldenen Krone,
Welch ein Traum !

Diese Farben ! Wie benenn ich sie,
Solches sah ich mein Lebtag noch nie !
Angesichts solcher Kostbarkeit
Verlieren Worte alle Fähigkeit.

Doch bedrohlich nähern Wesen sich dem Zaun,
das erhabene Gebilde umzuhaun
Das Bächlein, fließend hell und klar,
trachten sie zu vergiften gar.

(P.G.Zöls)

Friedrich Nietzsche und die Ästhetik

Einleitung

Bereits in seiner ersten Buchveröffentlichung, der „Geburt der Tragödie" erhebt Nietzsche ausdrücklich den Anspruch, eine „Ästhetische Wissenschaft" ins Leben gerufen zu haben, die die herkömmlichen Begriffe von Ästhetik Kunst oder Wissenschaft außer Kraft setzt und in der Setzung der antiken griechischen Kunstgottheiten Apollon und Dionysos und ihren Geheimlehren gipfelt. An dieser Ästhetik hielt Nietzsche auch in späteren Jahren fest, obwohl er diese, nicht eindeutig verifizierbare dynamische Ästhetik in späterer Zeit immer wieder modifiziert hat.

Bei der Bearbeitung dieses Themas muss allerdings berücksichtigt werden, dass es Nietzsche auch keinesfalls darum ging, eine begrifflich festgefügte Ästhetik zu schaffen. Nietzsche, und dieser Gesichtspunkt scheint nicht unwichtig zu sein, steht in der humanistischen Tradition: Goethe, zunächst auch Schiller, sowie die Renaissance scheinen u.a. die einzig unanfechtbaren Größen für ihn zu sein. Daraus ist wohl auch seine Neigung entstanden, die fachwissenschaftlichen Zwänge zu durchbrechen und interdisziplinär Philologie, Philosophie und Ästhetik miteinander in seinem Werk zu verbinden. Seinem Ansatz wird man wiederum kaum gerecht werden, wenn der Versuch gemacht würde, diesem Phänomen Nietzsche wiederum ausschließlich fachwissenschaftlich begegnen zu wollen, sei es rein philologisch, philosophisch oder auf irgendeine Art wissenschaftlich, die sich auf eine herkömmliche Anschauung von Wissenschaft stützt. Um seine Philosophie zu würdigen, müssen daher alle seine Ansätze untersucht werden. Dabei gelangt man bald zu der Überzeugung, dass Nietzsche alle Disziplinen, sei es die Philologie oder die Philosophie ästhetisiert hat.

Nietzsche hinterfragt alle wissenschaftlichen Disziplinen nicht nach ihrem sogenannten Wahrheitsgehalt, sondern nach ihrem Bezug zum „Leben." Hinter diesem Begriff „Leben" steht unzweifelhaft der metaphysisch aufgefasste Bereich von Natur, der aber apollinisch mit dem schönen Schein von Verstand und Vernunft allein nicht fassbar ist. Dieses Leben vermag sich jedoch in seinen Ansprüchen zu äußern, z.B. durch seine Leidenschaften, der Selbsterhaltungs-und Zeugungstrieb gehören zweifelsohne dazu und alle Forderungen, die das sogenannte Gemüt an uns stellt, wobei das Dionysische umrissen wäre.

Das Grundprinzip dieses Lebens besteht demnach wohl darin, dass es für seinen Fortbestand innovative und kreative Strategien entwickeln muss, ohne die seine weitere Existenz unerträglich, d.h. heißt gefährdet wäre. Dieser Bereich sorgt in der Natur für die ansprechenden Farben und Formen, die z.B. den Geschlechtspartner anziehen sollen, beim Menschen ist es u.a. auch die Kunst, die das Leben erträglich machen könnte, insbesondere nach Nietzsche die Musik, die allein geeignet sei als metaphysische Sprache die Verbindung zu unserem Gemüt und damit unserer inneren Natur herzustellen.

Karl Löwith [2] schreibt dazu: dass Nietzsches Philosophie weder ein einheitlich geschlossenes System noch eine Mannigfaltigkeit von auseinanderfallenden Aphorismen sei. Der systematische Charakter seiner Philosophie gehe aus der bestimmten Art und Weise hervor, wie Nietzsche sein philosophisches Experiment ansetze, aushalte und durchführe. aus dem grundsätzlichen

---

[2] Karl Löwith: Nietzsches Philosophie - ein System in Aphorismen

Experimentalcharakter seines Philosophierens sei auch der Sinn seiner mehrfachen Wandlungen zu verstehen.

Karl Löwith führt weiter aus, dass Nietzsche das ganze moderne Zeitalter als solches der Experimente gekennzeichnet habe. Ganze Teile der Erde könnten sich „dem bewussten Experimentieren weihen" Geschichtlich schwebten ihm dabei die großen Entdecker und Experimentatoren der Renaissance vor, wagende und versuchende Geister wie Leonardo da Vinci und Kolumbus, mit denen er sich oft selber verglich. Im selben Sinne nenne Nietzsche auch die neuen Philosophen „Versuchende", die sich aufs Ungewisse hin erproben, um zu sehen, wie weit man damit käme, gleich dem Schiffer auf dem unbekannten Meere.

Nietzsche bekämpfe am philosophischen System nicht die methodische Einheit, welche ein „Grundwille der Erkenntnis" erzeuge, sondern dass es eine dogmatisch fixierte und verklausulierte Welt vortäusche. Aus Mangel an Mut zum Problem verschließe der Philosoph des Systems die offenen Horizonte des versuchenden Untersuchens und Fragens. Die unsystematische Form von Nietzsches Denken entspringe positiv aus seiner neuen Stellung zum Sein und der Wahrheit, während das Neue an unserer jetzigen Stellung zur Philosophie eine Überzeugung sei, die noch kein Zeitalter hatte, nämlich die, dass wir die Wahrheit nicht haben. Weil nichts mehr wahr, sondern alles erlaubt ist, mache Nietzsche einen neuen Versuch mit der Wahrheit, sie sei nicht mehr da im Vertrauen zum Sein in der Wahrheit, sondern im Misstrauen gegen alle bis dahin geglaubt gewesene Wahrheit.

Aus seinem guten Willen zu offenen Horizonten sei Nietzsches Kritik an der geschlossenen Welt des Systems zu verstehen, sowie der Sinn seines vorläufigen Denkens und Redens in aphoristischen Kleinstücken der Wahrheit. Der Wille zum System sei jetzt, „wo wieder einmal alles im Fluss ist und ein Tauwind das Eis und das Eis alle Stege bricht, ein Mangel an Rechtschaffenheit."

Auf die Einheit seiner aphoristischen Produktion habe jedoch Nietzsche selber hingewiesen. Es handele sich in seinen Schriften um die lange Logik einer ganz bestimmten philosophischen Sensibilität und nicht um ein Durcheinander von hundert beliebigen Paradoxien.

Im Wissen um diese Einheit habe Nietzsche von seinen Lesern eine Auslegung seiner Aphorismen verlangt, denn sein Ehrgeiz sei, in zehn Sätzen das zu sagen, was andere in einem Buche nicht vermögen.

Geburt der Tragödie

Nach **H. Althaus** [*] erschien im Jahre 1872 im E:W. Fritsch-Verlag, der auch Wagners Schriften herausgebracht hat, Nietzsches erste Buchveröffentlichung mit dem Titel **„Die Geburt der Tragödie"** Das Thema hatte schon einige Bearbeitungsstufen bei Nietzsche durchlaufen. Am 18.1.1870, zwei Jahre vor Erscheinen des Buches, hatte Nietzsche in Basel vor der Freien Akademischen Gesellschaft einen Vortrag über das griechische Musikdrama gehalten, dem sich am 1. Februar des gleichen Jahres und vor dem gleichen Kreise ein weiterer Vortag anschloss: **Sokrates und die Tragödie**. Die Behandlung zweier Themen war als Vorbereitung für ein Griechenbuch geplant.

Kurz vor Ausbruch des deutsch-französischen Krieges brachte er ein weiteres Manuskript zum Abschluss mit dem Titel „**Die Dionysische Weltanschauung**", das er Cosima Wagner gewidmet hatte und ihr später als Weihnachtsgeschenk unter der Überschrift: „Die Geburt des tragischen Gedanken" als Weihnachtsgeschenk überreichte. Der Name Wagner tauchte im Vorwort zur abschließenden Buchfassung wieder auf. In Wagner, für den das Buch geschrieben worden war und der sehr beziehungsreich mit dem entfesselten Prometheus in Vergleich gesetzt wurde, hatte Nietzsche sein eigentliches Thema gefunden.

Nietzsche hatte zu jener Zeit einen Lehrstuhl für Philologie in Basel. Seine Veröffentlichung fand aber gerade in den fachwissenschaftlichen Kreisen heftigste Ablehnung. Dass die Schopenhauerische Philosophie und die Wagnerische Musik die

---

[*]Horst Althaus „Friedrich Nietzsche- Eine bürgerliche Tragödie" Nymphenburger München 1985

Grundlagen für Nietzsches Denkvorstellungen abgaben, war in der philologischen Fachwelt bekannt und schien auch akzeptiert worden zu sein. Doch die Skepsis wuchs, denn man fragte sich, ob sich damit etwas methodisches in der Philologie ausrichten ließe.

Bald erschien eine Streitschrift mit dem Titel **„Zukunftsphilologie"** von dem Philologen Wilamowitz-Möllendorf, die als Erwiderung auf Nietzsches Geburt der Tragödie gedacht war. Er warf darin Nietzsche grobe Verstöße gegen das im Fach übliche Handwerk vor. Der Autor zitiere nicht richtig, arbeite ohne genaue Stellenangaben, vor allem kenne er sein Fachgebiet nicht, er wüsste überhaupt nicht, wovon er redet.. Er forderte daher Nietzsche auf, seinen Basler Lehrstuhl zu räumen.

Nietzsche selbst habe es seinen Kritikern sehr leicht gemacht, denn er hätte alle Autoritäten in den Fragen des Altertums bis auf Schiller, Goethe und Winkelmann für ungültig erklärt und sie zusammen mit Schopenhauer und Wagner in seiner Schrift mitwirken lassen. Solche Verkürzung entspräche der **philosophischen Denkweise Nietzsches**, der selbst auch nicht die Absicht hatte, seine Studien im herkömmlichen philologischen Sinne zu betreiben.

Innerhalb der geltenden Konventionen schien allerdings die Beweisführung von Wilamowitz überzeugend erbracht.

Damit war aber die Auseinandersetzung in der Fachgelehrtenwelt noch lange nicht beendet. Im Gegenteil der Tonfall in den Pamphleten wird immer schärfer, schließlich ließ ihn auch noch sein Lehrer Ritschl fallen.

Die Folge davon war, dass Nietzsche in Basel schließlich kaum noch über Studenten verfügen konnte, die seine Vorlesungen besuchten.

Es ist daher für das Verständnis für Nietzsches Position erforderlich. zu untersuchen, wie er selbst als Philologe zur Historie stand.

Nietzsche und die Philologie

In einem Brief an seinen Freund Erwin Rohde schreibt Nietzsche am 1.-3. Februar 1868:

„ Bei solchen Dingen ist unser alter Rischl ein Kuppler, er sucht uns im Netz der Dame Philologie festzuhalten. Ich habe erstaunliche Lust, in meinem nächsten, in honorigem Ritscheli geschriebenen Aufsatz (über Demokrits Schriftstellerei) den Philologen eine Anzahl

bitterer Wahrheiten zu sagen. Bis jetzt habe ich für denselben die schönste Hoffnung, er hat einen philosophischen Hintergrund bekommen, was mir bis jetzt bei keinem meiner Arbeiten gelungen ist. Außerdem bekommen alle meine Arbeiten ohne meine Absicht, aber gerade deshalb zu meinem Vergnügen eine ganz bestimmte Richtung; sie weisen alle wie Telegraphenstangen auf ein Ziel meiner Studien, das ich nächstens auch ins Auge fassen werde. Es ist dies eine Geschichte der literarischen Studien im Altertum und in der Neuzeit. Es kommt mir zunächst wenig auf die Details an, jetzt zieht mich das Allgemein-menschliche an, wie das Bedürfnis einer literarhistorischen Forschung sich bildet und wie es unter den

formenden Händen der Philosophie Gestalt bekommt. „

Bereits vier Jahre, bevor sein erstes Werk veröffentlicht wird, äußert sich Nietzsche hier sehr klar: Er will keine fachphilologischen Abhandlungen schreiben, sondern Werke, die interdisziplinär Literatur, Philosophie und Philologie miteinander verbinden.

Am 7. Oktober 1869 schreibt Nietzsche erneut an Rhode, nachdem sein Vortrag über Sokrates und die Tragödie *„Schrecken und Missverständnis erregt hat"*

„Doch will ich mich jetzt nicht anfechten lassen: literarischen Ehrgeiz habe ich eigentlich gar nicht, an eine herrschende Schablone mich anschließen, brauche ich nicht, weil ich keine glänzenden und berühmten Stellungen erstrebe. Dagegen will ich, wenn es Zeit ist, so ernst und freimütig mich äußern, wie nur möglich. Wissenschaft, Kunst und Philosophie wachsen jetzt so sehr in mir zusammen, dass ich jedenfalls einmal Zentauren gebären werde. „

Am 15. 12. 1870 schreibt er erneut an Rhode:
„ Ich habe mir ganz im Stillen überlegt, ob nicht hiermit zugleich unsererseits ein Bruch mit der bisherigen Philologie und ihrer Bildungsperspektive geschehen sollte. Ich bereite eine große adhortatio an alle, noch nicht völlig erstickten und in der Jetztzeit verschlungenen Naturen vor. "

Am 29.März 1871
.....„ *Von der Philologie lebe ich in einer übermütigen Entfremdung, die sich schlimmer gar nicht denken lässt. Lob und Tadel, ja alle höchsten Glorien auf dieser Seite machen mich schaudern. So lebe ich mich allmählich in mein Philosophentum hinein und glaube bereits an mich; ja, wenn ich noch zum Dichter werden sollte, so bin ich selbst hierauf gefasst. Einen Kompass der Erkenntnis, wozu ich bestimmt sei, besitze ich ganz und gar nicht: und doch sieht mir, in der Rekapitulation, alles so wohlstimmend aus, als ob ich einem guten Dämon bis jetzt gefolgt sei "*.......

Am 7. November 1872,nach Erscheinen seines Buches schreibt er an Malwida von Meysenburg:
..... *" Ich habe es nämlich durch die „ Geburt der Tragödie " dazu gebracht, der anstößigste Philologe des Tages zu sein, für den einzutreten ein wahres Wunderwerk der Kühnheit sein mag, da alles einmütig ist, über mich den Stab zu brechen. Im Grunde ist es*

18

eine Verwechslung. Ich habe nichts für Philologen geschrieben, obwohl diese- wenn sie nur könnten - mancherlei, selbst **Rein-Philologisches** *aus meiner Schrift zu lernen vermöchten. Nun wenden sie sich erbittert gegen mich, und es scheint, sie meinen, ich hätte ein Verbrechen begangen, weil ich nicht zuerst an sie und ihr Verständnis gedacht hatte."* ..

Es könne davon ausgegangen werden, schreibt Althaus, dass Nietzsche fundiertes philologisches Wissen über die griechische Tragödie besaß, insbesondere über Aschylos habe er intensive Studien betrieben, die er mit seinem Lehrer Rischl abgesprochen hatte. Die Mitwirkung der Musik an der attischen Tragödie ließe sich zweifelsfrei durch Platon belegen. Auch von Burghardt, der den Mythos der harmonisch heiteren Griechenwelt in Frage stellte, habe er einige fruchtbare Impulse erhalten. Dieser Gedanke von Burghardt sei auch damals für Nietzsche neu gewesen, dass die bis dahin geltenden Vorstellung von der edlen Einfalt und der stillen Größe der Griechen auf dem Boden einer unzerstörbaren Freude auf einem Missverständnis beruhten. Nietzsche schien von dieser Sichtweise sehr beeindruckt er schreibt daher:

"Die Griechen kennen die Schrecken und Entsetzlichkeiten des Daseins. Hinter der Oberfläche. unter der Oberfläche wohlgesetzter Maße hat sich bei ihnen der Kampf gegen ein Reich der Titanen angespielt. Der Grieche hat Ungetüme getötet, er hat die Tiefen der Weltbetrachtung und mit ihr unstillbares Leid hinter sich. Aber auch Rausch und Entfesselung, die man der Schönheit der fein gegliederten Körper, wie die Bildhauer sie schufen, nicht ansieht! Zu den Leidenschaften gehört bei den Griechen ihre Überwindung, aber der Ausdruck der Überwindung zeugt von den Leidenschaften. Apollo konnte nicht ohne Dionysos leben!"

Auffallend ist, dass dieses Geschichtsbild, das Nietzsche hier vom Griechentum zeichnet, keinesfalls der fernen Vergangenheit anzugehören scheint und somit mit einer gewissen Distanz betrachtet werden könnte. Was er da tut, ist scheint für seine Zeit völlig neu zu sein, denn er setzt es in die Gegenwart und erfüllt es mit dem Leben der zeitgenössischen Philosophie Schopenhauers und der Ästhetik von Richard Wagner. Als dieser Symbiose erhofft er sich wohl Bewegung und neue Impulse für den festgefahrenen „Historismus" des 19. Jahrhunderts, der selbst keinerlei zeitgemäße innovative Tendenzen entwickeln konnte, eine Welt der erstarrten Regeln, die vielleicht aus seiner Sicht des dionysischen Feuers dringend bedurfte. Sicherlich wäre zum umfassenden Verständnis von Nietzsches Werken eine historische Analyse des „Zeitgeistes „ des 19. Jahrhunderts sehr hilfreich, die jedoch den vorgegebenen Rahmen bei weitem sprengen würde.

Zu Nietzsches Umgang mit der Geschichte noch ein Zitat aus seinem Werk „ Vom Nutzen und Nachteil der Historie"

„Wodurch also nützt dem Gegenwärtigen die monumentalische Betrachtung der Vergangenheit, die Beschäftigung mit dem Klassischen und Seltenen früherer Zeiten? Er entnimmt daraus, dass das Große, das einmal da war, jedenfalls einmal möglich war und deshalb auch wohl wieder einmal möglich sein wird, er geht mutiger seinen Gang, denn jetzt ist der Zweifel, der ihn in schwächeren Stunden anfüllt, ob er vielleicht das unmögliche wolle, aus dem Felde geschlagen.

Wenn der Mensch, der Großes schaffen will, überhaupt die Vergangenheit braucht, so bemächtigt er sich ihrer vermittelst der monumentalistischen Historie, wer dagegen im Gewohnten und Altverehrten beharren mag, pflegt das Vergangene als antiquarischer

*Historiker, und nur der, den eine gegenwärtige Not die Brust
beklemmt, und der um jeden Preis zu Last von sich abwerfen will,
hat ein Bedürfnis zu kritischen, das heißt richtenden und
verurteilenden Historie."*

Nietzsche hält also selbst sein Vorgehen für legitim, sich der
Vergangenheit (-der griechischen Tragödie -) zu bemächtigen,
vielleicht in der Hoffnung, dass das, was einmal wahr war, auch
wieder wahr werden könnte.

Dieter Jähnig schreibt dazu, dass die beiden Aspekte als
gegenwartsferner Historismus und unhistorischer Aktualismus sich
gegenseitig ausschlössen, jedoch vereinbar seien, wenn man darauf
achte, dass der Angelpunkt von Nietzsches Urteil seine Einsicht in
die Wendung um 400 v.Chr. sei. So groß der Unterschied
zwischen Sokrates und Hegel, zwischen Alexander und Napoleon
oder Bismarck auch sei, die Konzeption der Wahrheit als Idee, die
Orientierung des geschichtlichen Handelns am Gedanken des
Imperiums - das seien Einschnitte im Gang der Geschichte, die die
moderne Welt prägten, im alten Rom bereits entschieden und in
der hellenistischen Umbildung Griechenlands von der Polis-
Struktur zu Weltmacht und der platonischen Diskreditierung des
„Sinnenscheins" schon vorbereitet seien.

Eine Gefahr liegt aber darin, dass wir unsere Sichtweise der
Gegenwart in die Vergangenheit und wieder zurück projizieren
und dadurch einige Unschärfen oder Brüche entstehen. Unsere
exakten historischen Kenntnisse von einer vergangenen Epoche,
die etwa 2500 Jahre und mehr zurückreichen, können nur
fragmentarisch sein. Nietzsche selbst kennt dieses Problem, wenn
er im Kapitel 4 schreibt:

„. Dass das Problem des Ursprungs der griechischen Tragödie bis jetzt noch nicht einmal richtig aufgestellt, geschweige denn, gelöst ist, so oft auch die zerflatternden Fetzen der antiken Überlieferung schon kombinatorisch aneinandergenäht und wieder auseinandergerissen sind.."

Diese „ zerflatternden Fetzen" hat er tatsächlich zu einem sinnvollen Ganzen „zusammengenäht", allerdings nicht im Sinne der herkömmlichen Wissenschaft, sondern unter dem Aspekt der sogenannten wissenschaftlichen Ästhetik. Er hat Philologie und Philosophie gleichermaßen unter dem Aspekt des „Lebens", (inwieweit sie dem Leben dienlich sind) ästhetisiert.

Dieter Jähnig [2] untersucht die Frage, wie sich Historizität und Aktualität in Nietzsches Geburt der Tragödie zueinander verhielten. Nietzsches eigene Antwort sei gewesen: „ Beides, die attische Tragödie und das neue Musikdrama hätten ihn gleichermaßen um des Lebens willen beschäftigt. In dem Nachlassaphorismus, den die Herausgeber an den Anfang ihrer Sammlung „Der_ Wille zur Macht gestellt hatten, sagt Nietzsche: „ Was ich erzähle, ist die Geschichte der nächsten zwei Jahrhunderte. unsere ganze europäische Kultur bewegt sich seit langem schon mit einer Tortour der Spannung, die von Jahrzehnt zu Jahrzehnt wächst, wie auf eine Katastrophe los: unruhig, gewaltsam, überstürzt: einem Strom ähnlich, der aus der Erde will, der sich nicht mehr besinnt, der Furcht davor hat, sich zu besinnen.„

Weiter führt Jähnig aus, dass Nietzsche mit seiner Schrift den modernen Wissenschaftsbetrieb kritisiert habe. Er habe dabei aber nicht das Wissen kritisiert, sondern den Glauben, der einer

---

[2] Dieter Jähnig , Welt-Geschichte-Kunst-Geschichte, Köln 1975

bestimmten Art des Wissens (der Theorie) „die Kraft einer Universalmedizin beilegt" er kritisiere somit die irrationale Heilsgewissheit, die dem Umgang mit dem Namen Wissenschaft eine alles andere als wissenschaftliche Aura gäbe. Nietzsche stelle sich die Frage: wie steht die Wissenschaft im Ganzen der Wirklichkeit (im Leben) „Was bedeutet überhaupt, als Synonym des Lebens angesehen, alle Wissenschaft? Wozu, schlimmer noch, woher- alle Wissenschaft" (I 10; 30)

Die antiken Kunstgottheiten

Nach Horst Althaus[1] sah Nietzsche in den von ihm geschaffenen Gegensatzbegriff apollinisch
und dionysisch im ersteren Prinzip die Kunst des Bildhauers, dort die Kunst der Musik, beide wie zwei nebeneinander oft aber auch gegeneinander wirkende Triebe, deren Zwiespalt wie ein Reiz beständige Neugeburten hervorbringe, in denen der Kampf der Gegensätze fortgesetzt wird. Die Lehre des Empedokles von der Bewegung als fortwährenden Wechsel zwischen Vereinigung und Trennung übertrage Nietzsche auf die Kunst. Hier würde er aber nur scheinbar überbrückt, wirklich zusammengeführt würden sie erst durch einen metaphysischen Wunderakt des hellenischen Willens, der aus dieser Paarung die attische Tragödie hervorgehen ließe.

Am Anfang stehe demnach der Traum, er gehe allem dichterischen Tun voraus und mache den Menschen, wenn er sich ihm überlässt, zum Künstler. Traumerfahrung aber wirke auch in der Kunst der Bildhauer, sie gehe in die von ihnen ausgeführte Gestalten und Formen ein. Was sie schaffen, gehöre zu einer höheren Wahrheit und liege über dem, was in der Tageswirklichkeit gelte. Der Traum, der hier gemeint sei, habe es mit einer vollkommenen Welt zu tun, wo maßvolle Begrenzungen die Leitschnur ist und wildere Regungen ausgeschlossen seien. Denn Apollo sei ein Gott der Harmonie und der Schönheit.

Dieter Jähnig schreibt dazu, dass die gegenseitige Notwendigkeit ein wechselseitiges Brauchen sei. Das griechische Dionysische brauche das Apollinische, damit es nicht ins Ungebundene

---

[1] Horst Althaus „Friedrich Nietzsche, Eine bürgerliche Tragödie" Nymphenburger Verlag, München 1985

zerfließt und so sich selber entfremde, nämlich zu dem werde, was es im Unterschied zu den griechischen Barbaren (den dionysischen Barbaren I 26 ;54) auszeichne. Das Apollinische brauche das Dionysische, als das Übermaß, dem sich das Maß entgegenstemmen könne: um so überhaupt erst maßgebend, maßstiftend zu sein. Nur um seiner selbst willen da, wäre es nicht selbst, sondern das ihm im von Grund auf Fremde, nämlich das Sokratische.

Die Duplizität des Apollinische und des Dionysischen, Nietzsches kunstphilosophischer Kerngedanke, sei in dem von Nietzsche gemeinten Sinne einer gegenseitiger Notwendigkeit, ein Verhältnis, das nur geschichtlich denkbar sei. Das Maß des Apollinischen bestünde nur in der Mäßigung einer von sich aus maßlosen Gewalt; diese als das griechisch-dionysische-selber wieder im Gefährden und damit eine im Notwendigmachen des Maß-und Standgewinnens.

Das Ende der Tragödie

Dabei gehe die Musik dem Wort voran, die Tragödie sei ursprünglich Drama gewesen, die durch das dionysische Element bis weit in die Vorzeit zurückreiche. Mit der Zivilisation stünde allerdings der Gott der Musik und des Tanzes auf keinem guten Fuß. Hier begänne die Tragödie und die Leiden des Dionysos. Der magischen Naturglaube verlor in der Tragödie langsam die Kraft, wie Althaus schreibt, sie sei durch Selbstmord gestorben, wie Nietzsche lakonisch bemerkt habe. Sie starb demnach, weil sie ihre dionysischen Elemente ausschied, weil ein Tragiker wie Euripedes vernünftig geworden sein soll. Er sei eine undionysische Figur gewesen, ein Aufklärer, aus dem Sokrates und die Vernunft des athenischen Bürgers sprächen, der so klug sei, dass er sich nicht mehr mit dem alten, vor-vernünftigen Magiewesen zufriere gäbe. Der Bürger verlange dem Dichter Auskunft ab, und

Euripedes habe sie gegeben, indem er den Sokrates um Rat fragt. Denn Sokrates sei der eigentliche Gegenspieler des Dionysos gewesen.. Darum sei auch die ältere Tragödie an Sokrates zugrunde gegangen, an dem räsonierenden Zug des Philosophen, der hier wie der neue Orpheus agiere und sich gegen den Dionysos erhebe, um ihn zur Flucht zu zwingen. Orphisch sei der betäubende Schönklang, der auf der Leier ertönt, aber ohne die elementare Kraft, wie sie aus dem Dionysos spräche.

Durch den Sieg des Euripedes auf dem griechischen Theater sei diese Kraft nicht mehr gefragt gewesen , denn durch Euripedes komme das bürgerliche Mittelmaß des Stadtbewohners, auf den er seine Hoffnung gesetzt habe, zu Wort. Der Dichter setze voraus, dass die Masse selber philosophiere, denn sie sei klug, weil sie politisch unterrichtet sei und deshalb nicht bereit, sich im Sinne der älteren Tragödie etwas vormachen zu lassen.

Das hieße aber auch, dass der Hellene längst den Glauben an die Unsterblichkeit aufgegeben habe und keinen Glauben an die Vergangenheit, noch an die Zukunft habe, denn er setzte auf die Gegenwart. Längst sei der Geist der Komödie im Aufsteigen begriffen, ihre Heiterkeit sei die Heiterkeit des Sklaven, der nichts zu verantworten habe, der nichts Großes mehr erstrebt und nichts schätze, als Gegenwärtiges. Man ließe sich bequem am erreichten Genuss genügen. doch der urteilsfähige Grieche aus der Zivilisationssphäre des Peloponnes wüsste selbst nichts mehr vom magischen Schauder , der seinen Vorfahren im 6. Jahrhundert das Blut in den Adern erstarren ließe. Tugend, so habe Sokrates dem gebildeten Athener - und nur auf ihn komme es an - gesagt, sei Wissen. Schuldig sei der Unwissende.

Eine solche Einstellung, führt Althaus aus, sei das Ende der Tragödie und mache die alten magischen Kräfte der Tragödie überflüssig. Im Namen der sokratischen Philosophie des Dialogs sei das Tragische für nichtexistent erklärt worden. So sei Sokrates mit seinen Nachfolgern und ihren städtischen Wissenschaftsschulen der Totengräber des Tragikers gewesen.

Nietzsche, Wagner und Schopenhauer

Nietzsche hatte sich jedoch bereits, mit der „Geburt der Tragödie" von der akademischen Philologie distanziert (siehe Briefwechsel). Er schöpfte mittlerweile aus anderen Quellen. Er orientiert sich an Schopenhauer, der die Musik allen anderen Künsten vorangestellt hatte, was Nietzsche selbst so formulierte: *„Musik ist nicht Abbild der Erscheinung.....sondern unmittelbar Abbild des Willens selbst. Man könnte demnach die Welt ebenso verkörperte Musik, als verkörperten Willen nennen."*

Demnach realisiere sich in der Musik der Weltwille. *„Die Melodien sind...eine Abstraktum der Wirklichkeit, die Musik gibt das Herz der Dinge."*
Besonders durch Schopenhauer und seinem Werk: „ Die Welt als Wille und Vorstellung „ fühlt sich Nietzsche in seiner Setzung des Apollinischen und des Dionysischen bekräftigt. Dionysos schaffe die Aufhebung der Grenzen, die um das Individuum gesetzt sind, er löse vom Bann der Vereinzelung und dringe auf rauschhaftes Vereinen.

Althaus führt weiter aus, dass Schopenhauer und Wagner ihrem Wesen nach für Nietzsche zusammengefallen seien. Schopenhauer sei das verbindende Element gewesen, unter dem Nietzsches Freundschaft mit Wagner zustande gekommen sei. Schopenhauer habe das letzte geschlossene philosophische System des 19. Jahrhunderts entwickelt, das noch aus einer vorindustriellen Welt stamme, über sie aber in keiner Weise hinausreiche. Es sei eine

Lebensphilosophie, deren Anwendung in den Stand setzte, die Natur gewisserweise zu überlisten, etwas, was von Kant, Hegel oder Schelling nicht gesagt werde könne.

Die enge geistige Verbindung zwischen Schopenhauer, Wagner zu jener Zeit zeigen folgende Zitate von Wagner:

Musik als Idee der Welt [1] : *„ mit philosophischer Klarheit hat aber erst Schopenhauer die Stellung der Musik zu den anderen schönen Künsten erkannt und bezeichnet, indem er ihr eine von derjenigen der bildenden und dichtenden Kunst gänzlich verschiedene Natur zuspricht. Er geht dabei von der Verwunderung darüber aus, dass von der Musik eine Sprache geredet werde, welche ganz unmittelbar von jedem zu verstehen sei, da es hierzu gar keiner ,*

Vermittlung durch die Begriffe bedürfe, wodurch sie sich zunächst eben vollständig von der Poesie unterscheidet, deren einziges Material die Begriffe, vermöge ihrer Verwendung zur Veranschaulichung der Idee seien.
.......glaubt Schopenhauer in der Musik aber selbst eine Idee der Welt erkennen zu müssen, da derjenige, welcher sie gänzlich in Begriffen verdeutlichen könnte, sich zugleich eine die Welt erklärende Philosophie vorgeführt haben würde...........Und selbst diesem Charakter" , so fährt Schopenhauer fort *„würden wir nicht verstehen, wenn uns nicht das innere Wesen der Dinge, wenigsten undeutlich und im Gefühl, anderweitig bekannt wäre. Dieses Wesen selbst kann nämlich nicht aus den Ideen und überhaupt nicht durch irgendeine bloß objektive Erkenntnis verstanden werden; daher es ewig ein Geheimnis bleiben würde, wenn wir nicht von ganz anderer Seite den Zugang dazu hätten. Nur insofern jedes Erkennende zugleich Individuum und dadurch*

---

[1] Festschrift „Beethoven" von 1870

Teil der Natur ist, steht ihm der Zugang zum inneren der Natur offen, in seinem eigenen Selbstbewusstsein, als wo dasselbe sich am unmittelbarsten und alsdann als Wille sich kundgibt." [3]

Weiter führt Wagner aus : „ *aus einer genaueren Betrachtung des hier aus dem Hauptwerk Schopenhauers Angeführten muss uns jetzt ersichtlich werden, dass die musikalische Konzeption, da sie nichts mit der Auffassung einer Idee gemein haben kann (denn diese ist an die anschauende Konzeption der Welt gebunden), nur in jener Seite des Bewusstseins ihren Ursprung haben kann, welche Schopenhauer als dem Innersten zugekehrt bezeichnete. ,*

......wie der Traum es jeder Erfahrung bestätigt, steht der, vermöge der Funktionen des wachen Gehirns angeschauten Welt, eine zweite, dieser an Deutlichkeit ganz gleichkommende, nicht minder als Anschauung sich kundgebende Welt zur Seite, welche als Objekt jedenfalls nicht außer uns liegen kann, demnach von einer nach innen gerichteten Funktion des Gehirns unter nur diesen eigenen Formen der Wahrnehmung, welche Schopenhauer eben das Traumorgan nennt, dem Bewusstsein zur Erkenntnis gebracht werden muss.

„Eine nicht minder bestimmte Erfahrung ist nun aber diese, dass neben der, im Wachen, wie im Traume als sichtbar sich darstellenden Welt, eine zweite, nur durch das Gehör wahrnehmbare, durch den Schall sich kundgebende Welt, also recht eigentlich eine Schallwelt, neben der Lichtwelt für unser Bewusstsein vorhanden ist"

.....Diesem Rufe antwortet nun auf das allersicherste die Musik. Hier spricht die äußere Welt so unvergleichlich verständlich zu

---

3

uns, weil sie uns durch das Gehör vermöge der Klangwirkung uns ganz dasselbe mitteilt, was aus im tiefsten Inneren selbst ihr zurufen. Das Objekt der vernommenen Tones fällt unmittelbar mit dem Subjekt des ausgegebenen Tones zusammen: wir verstehen ohne jede Begriffsvermittlung, was uns der vernommene Hilfe, Klage oder Freudenruf sagt und antworten ihm sofort in dem entsprechenden Sinne. Ist der von uns ausgestoßene Schrei-Klage- oder Wonnelaut die unmittelbarste Äußerung des Willensaffektes, so verstehen wir den gleichen, durch das Gehör zu uns dringenden Laut auch unwidersprechlich als Äußerung desselben Affektes und keine Täuschung, wie im Scheine des Lichts, ist hier möglich, dass das Grundwesen der Welt außer uns mit dem unsrigen nicht völlig identisch sei, wodurch jene, dem Sehen dünkende Kluft sofort sich schließt. "

Beda Allemann [1] bemerkt dazu, dass apollinisch die Welt des Lichts und des schönen Scheins sei -dionysisch der dunkle Untergrund des Leidens und der tragischen Katastrophe. Schopenhauer habe die Welt als dualistisch als Wille und Vorstellung aufgefasst. An diesem Dualismus habe auch der späte Nietzsche noch festgehalten als ein drängender, sich selbst unbewusster, aber sich steigernder Wille als Grundprinzip, und darüber die Welt der Erscheinungen, in der mythologischen Terminologie Nietzsche: der Olymp des Scheins, als traumhafte Gegenwelt, als perspektivisch zu sehende Wirklichkeit. Es sei, in den Kategorien der traditionellen Ontologie gesprochen, der Gegensatz von Werden und Sein. Sein und Schein seinen unter diesen Voraussetzungen identisch und Nietzsche fordere uns auf, an den Schein zu glauben. Nur so sei das Dasein ästhetisch gerechtfertigt, nachdem alle anderen Trostgründe versagt hätten.

---

[1] Nietzsche und die Dichtung/ Werk und Dichtungen 1974

31

Über diese Position sei Nietzsches Denken nicht hinausgelangt bei allen Verfeinerungen und Zuspitzungen der Problemstellungen.

Althaus schreibt dazu, dass in Wagners Schrift über „Die Kunst und die Revolution „ aus dem Revolutionsjahr 1848, in der er mit dem feudalen und christlichen Mittelalter abgerechnet habe, aber auch schon mit der Industriegesellschaft, für Nietzsche Quelle der Inspiration gewesen sei.
Auch Wagner habe schon gesehen, dass der Verfall der griechischen Kunstblüte mit der Auflösung des athenischen Staates zusammenhinge. Nietzsches Gedanke vom Sokrates als dem dialogischen Zersetzer der dionysischen Bewegung sei aber nur eine zugespitzte Vorstellung, in die er seine Kenntnisse über das griechische Theater und die Naturphilosophen eingebracht habe.

Aber Wagners Fundament, auf dem Nietzsche aufgebaut hatte, habe in der Züricher Revolutionsschrift viel weiter gereicht und noch lange für ihn den tragenden Grund abgegeben, auch dann noch, als Wagner selbst es schon preisgegeben habe.

Wenn der Gott des Rausches, der Besessenheit und der Musik eine menschliche Gestalt abgegeben habe, dann in Wagner. So habe es Nietzsche damals gesehen. Als Verkünder behauptete er: „Es ist eine Macht emporgestiegen, die mit den Urbedingungen der sokratischen Kultur nichts gemein hat und aus ihnen weder zu erklären noch zu entschuldigen ist. „ Er meint damit jene Musik, die von Palestrina zu Bach und Beethoven, von Beethoven zu Wagner führe und das Wiedererwachen des dionysischen Geistes bezeuge, die selber nicht nach Schönheit frage, weil Schönheit, wie Nietzsche gerade aus Wagners gerade geschriebener Schrift über Beethoven erfahren habe, nicht an das Wesen solcher Musik heranreiche.

Althaus sieht hier wohl ganz richtig, dass Nietzsche in seinem ersten Werk von Schopenhauer und Wagner stark beeinFlusst wurde. Allerdings geht er nicht darauf ein, dass Nietzsches Entwicklung später in eine andere Richtung verlief. Der spätere Nietzsche ist wohl der beste Kritiker des jungen Nietzsche, deshalb sei kurz darauf eingegangen, wie Nietzsche selbst später dazu Stellung bezog.

Nietzsches spätere Selbstkritik

Einige Autoren bezeichnen Nietzsches „Geburt der Tragödie" zu recht als ein Werk, dass stark durch die Romantik geprägt ist. Der spätere Nietzsche hat versucht, sich davon zu distanzieren. Er schreibt in der „**Fröhlichen Wissenschaft**" --Was ist Romantik ?

„Man erinnert sich vielleicht,...dass ich anfangs mit einigen dicken Irrtümern und Überschätzungen und jedenfalls als Hoffender auf diese moderne Welt losgegangen bin.......Desgleichen deutete ich mir die deutsche Musik zurecht zum Ausdruck einer dionysischen Mächtigkeit der deutschen Seele, in ihr glaubte ich das Erdbeben zu hören, mit dem eine von alters her aufgestaute Urkraft sich endlich Luft macht....Man sieht, ich verkannte damals, sowohl am philosophischen Pessimismus, wie an der deutschen Musik, was ihren eigentlichen Charakter ausmacht - ihre Romantik. Was ist Romantik ?

Jede Kunst, jede Philosophie darf als Heil- und Hilfsmittel im Dienste des wachsenden, kämpfenden Lebens angesehen werden: sie setzt immer Leiden und Leidende voraus. Aber es gibt zweierlei Leidende, einmal die an der Überfülle des Lebens Leidenden, welche die dionysische Kunst wollen und ebenso eine tragische Ansicht und Einsicht in das Leben - und sodann die an der Verarmung des Lebens Leidende, die Ruhe, Stille, glattes

Meer, Erlösung von sich durch die Kunst und Erkenntnis suchen oder aber den Rausch, den Krampf, die Betäubung, den Wahnsinn. Dem Doppelbedürfnis der letzteren entspricht alle Romantik in Künsten und Erkenntnissen, ihnen entspricht ebenso Schopenhauer als Richard Wagner, um jene berühmten und ausdrücklichsten Romantiker zu nennen, welche damals von mir missverstanden wurden - übrigens nicht zu ihrem Nachteile"

Bei der Lektüre des Textes „Der Geburt der Tragödie" entsteht vordergründig der Eindruck, dass Nietzsche den Bogen zwischen Vergangenheit und Gegenwart etwas überdehnt, wenn er beispielsweise das dionysische Prinzip in der Musik von Richard Wagner verkörpert sieht. Natürlich gibt es heute keinerlei Vergleichsmöglichkeiten mehr, zwischen dem tragischen Chor, was sich daraus entwickelt hat und unserer Auffassung von Musik.

Tatsächlich hat Nietzsche selbst in dem 1886 in Sils Maria geschriebenen „ Versuch einer Selbstkritik „ sein früheres Werk kritisiert. Er habe sich, wie er schreibt, das grandiose griechische Problem durch Einmischung der modernsten Dinge verdorben." Er macht selbst seiner Schrift den Aktualitätsbezug zum Vorwurf..
Weiter schreibt er :„ Sie hätte singen sollen, diese neue Seele - und nicht reden. Wie schade, dass ich, was ich damals zu sagen hatte, es nicht als Dichter zu sagen wagte: ich hätte es vielleicht gekonnt ! Oder mindestens als Philologe...(....) (1,12) Allerdings scheint er die damalige Problemstellung gelten zu lassen, wenn er schreibt: „ Vor allem das Problem, dass hier ein Problem vorliegt und dass die Griechen, so lange wir keine Antwort auf die Frage „Was ist dionysisch haben, nach wie vor gänzlich unerkannt und unvorstellbar sind....
Nietzsche scheint sich hier vorzuwerfen, sich nicht klar genug entschieden zu haben, bei dem Versuch der Vermittlung zwischen der Philologie und der Dichtung, dadurch befürchtet er beide

verfehlt und sich in eine von Wagner und Schopenhauer abhängige Ästhetik verstrickt zu haben.

Der Rückblick auf die Tragödienschrift in „Ecce Homo" beginnt mit der Erklärung, diese Schrift sei missverstanden worden, sie habe mit dem gewirkt und selbst fasziniert, was an ihr verfehlt war - Mit ihrer Nutzanwendung auf die Wagnerei.: Man habe über der verfehlten Wirkung Werbung für eine neue Kunst die Interpretation jener alten überhört. Über der Aktualisierung sei überhört worden, was die Schrift im Grunde Wertvolles barg. Schließlich distanziert er sich in seinem Spätwerk auch von Schopenhauer" Schopenhauer vergriff sich hier."

Dieter Jähnig [1] schreibt dazu, dass im Falle Schopenhauers ein eindeutiger Irrtum Nietzsches darin bestanden hätte, dass er sich zu diesem vermeintlichen Vorbild bekannt habe, obwohl er sich schon in dem Titelgedanken der Schrift, dem dionysischen Ursprung der Tragödie, von der Philosophie Schopenhauers entfernt hatte. Das Bekenntnis zu Schopenhauers sei von Anfang an ein Irrtum gewesen, denn nach Schopenhauer sei die Kunst einer als absolut schrecklich begriffenen Wirklichkeit gegenüber durch die Darstellung der Ideen, oder dieser Wirklichkeit (des Willens)selbst eine kurzfristige Erlösung von dieser Wirklichkeit. Für Nietzsche sei sie eine die Gefahr des Pessimismus überwindende Verbindung mit der Lebenswirklichkeit.

Nachdem untersucht worden ist, unter welchen Umständen Nietzsches Werk „Die Geburt der Tragödie" entstand und nachgewiesen wurde, dass sowohl die Philosophie Schopenhauers, als auch die Vorstellungswelt von Richard Wagner in dieser Zeit in entscheidender Weise Nietzsche beeinflusst haben, wären noch die geschichtlichen Aspekte seines Werkes zu untersuchen.

---

[1] vom Ursprung der Poesie

Apollon

Nach **Peter Hoyle** [*] befand sich der politische und religiöse Mittelpunkt des Apollonkultes in Delphi. Unter diesem Namen sei die Gottheit von Griechen und Römern gleicherweise verehrt, er sei der einzige unter den olympischen Göttern, dessen lateinischer Name dem griechischen glich. Für die Griechen sei **Apollon,** nach Zeus der größte aller Götter.

Er sei der Gott des Lichts, der Ordnung der Vernunft und der Heilkunde gewesen. Er könnte aber auch tödlich sein, denn seine Pfeile seien wie die Strahlen der Sonne, die in der Mittagshitze einen Menschen niederzustrecken vermögen. sie seien aber auch Geschosse der Vernunft und des klaren Denkens, um damit Einbildungen zu zerschlagen und die menschliche Selbstgefälligkeit zu vertreiben. Gleichzeitig war er der Gott der Musik und des Gesangs.

Unter seinem Schutz haben sich Dichter, Sänger und Künstler mit Gelehrten und Staatsmännern vereinigt. Mit der Verehrung Apollos hätten die Griechen einen ganz eigenen Beitrag zum Leben der antiken Welt. geliefert .Mit ihm habe sich die Vorstellung und das Verständnis poetischer Visionen verbunden, die Liebe und Erkenntnis des Schönen mit jener Selbstzucht, die der Künstler brauche , um seinen Gedanken Gestalt zu geben.

Die Suche nach der besten Regierungsform und das Studium der Natur hätten in seinem Namen stattgefunden, um die Harmonie zwischen Mensch und Umwelt zu fördern und die Ordnung und Schönheit der Welt zu offenbaren.

---

[*] Peter Hoyle „Delphi und sein Orakel" FA. Brockhaus, Wiesbaden 1968

Dionysos

Nach der griechischen Sage verlässt Apollon Anfang November seinen Tempel in Delphi und begibt sich zu den Hyperboreern. Dort verbringt er die drei Wintermonate. Drei Monate lang war das Orakel außer Betrieb, der tägliche Tempeldienst der Apollopriester wurde eingestellt. Dennoch wurden die Kulthandlungen während des Winters nicht völlig ausgesetzt, denn in dieser Zeit nahm Dionysos vom griechischen Heiligtum Besitz. Es erscheint recht widersprüchlich, dass sich dieser mystische, ekstatische und unberechenbare Gott die Herrschaft mit Apollon, dem Gott der Vernunft, des Lichts und der Harmonie die Herrschaft geteilt hat. Nach Plutarch hatte Dionysos sogar dieselben Ansprüche auf einen Kult in Delphi ,

wie Apollon. In der religiösen Organisation des Heiligtums spiegele sich nur das Wesen des Menschen, das aus drei Teilen Vernunft und einem Teil unberechenbarer Schwärmerei zusammengesetzt sei. Die Götter ergänzten sich also.

Der Kult verbreitete sich gegen beträchtlichen Widerstand während der frühen historischen Zeit, vermutlich aus dem indischen Raum. (Vergl. Shaktiismus). Vielleicht versuchte man ihn dadurch zu zähmen, dass man ihn mit seinem vernünftigen Bruder Apollo in Delphi zusammenbrachte.

Für die Griechen war eine Orgie Teil dieses Mysterienkultes und hatte als religiöse Zeremonie durchaus eine ernste Bedeutung. Die Römer waren entsetzt über diesen Kult und sahen darin eine Gefahr für die autoritäre Verwaltung, deshalb wurde 187 v. Ch. von Rom aus verordnet, die bacchischen Riten einzustellen. Später erinnerte man sich an Dionysos nur noch unter seinem volkstümlichen Namen - Bacchus, als Gott des Weins und der Trunkenheit.

Plutarch schildert [1] das Verhältnis beider Götter folgendermaßen:

„Diesen Gott Apollon, stellt man in Gemälden und Standbildern dar: Ebenso weit vom gebrechlichen Alter wie von unmündiger Jugend entfernt, den anderen jedoch unter vielen Verkleidungen und Gestalten. Gewöhnlich schreibt man dem einen Beständigkeit, Ordnung und unerschütterlichen Ernst zu, dem anderen aber Ausgelassenheit und Schalkheit, Launenhaftigkeit und Raserei, man ruft ihn „Euios", Aufwiegler der Frauen, prunkend mit der wahnwitzigen Verehrung seiner Anhänger.!"

Dionysos hatte viele Formen. Er war der Säugling mit seinen Ammen und der bärtige Mann, er kam als Löwe oder Schlange, oft auch als Stier, doch das vertrauteste Bild war des fast weiblich schönen Knaben mit langem Haar und mädchenhaften Zügen. Er hatte viele Namen : Bakchos, Bromius oder Zagreus, der Wilde und viele andere, er war der mannigfaltigste und wandelbarste aller Götter.

Er war der Gott der Wiedergeburt und damit ein Gewährsmann der Unsterblichkeit. Er war ein Fruchtbarkeitsgott, der Spender aller guten Gaben, zugleich aber der Gott des Todes, der in den Wintermonaten herrschte. Er regierte die Stille, wo alle Tiere zahm, und unschuldig sind, er war aber auch der rasende furchtbare Gott des Wahnsinns, der lebende Wesen in Stücke riß, um ihr Fleisch zu essen.

Nach Euripedes war Theben der Geburtsort von Dionysos. Semele, seine sterbliche Mutter war
die Tochter des thebanischen Königs Kadmos. Zeus verliebte sich unsterblich in Semele, später

---

[1] Plutarch, „Moraklia –über das „E" in Delphi

39

wurde sie schwanger von ihm. Hera, Zeuss Gattin war jedoch, wie bei vielen ähnlichen Anlässen zuvor, von rasender Eifersucht besessen und sann auf Rache. Sie verwandelte sich in die alte Amme von Semele und gab ihr ein, dass sie doch Zeus bitten solle, sich in seiner wahren Gestalt zu zeigen. Da er ihr in seiner Verliebtheit zuvor geschworen hatte, ihr jeden Wunsch zu erfüllen, konnte er ihr diese Bitte nicht abschlagen. Kein Sterblicher vermochte jedoch den göttlichen Anblick lebend zu ertragen und Semele verging, wie vom Blitz getroffen. Im Augenblick ihres Todes entriß ihr Zeus den noch ungeborenen Sohn und nähte ihn sich in den Schenkel ein. Schließlich wurde Dionysos aus den Schenkeln seines Vaters geboren. einer seiner vielen späteren Namen lautete daher : Der Eingenähte.

Eine bei den Orphikern verbreitete Sage verbindet Tod und Wiedergeburt des Dionysos mit Delphi. Der Orphismus, der den berühmten Sänger Orpheus als seinen Ahnherrn verehrte, gehörte zu den wichtigsten Mysterienkulten in Griechenland. Orpheus, ein Wahrsager und Dichter aus Thrakien, wo auch der Dionysoskult zu Hause war, galt als der Oberpriester der Orgien, sein Gesang und sein Seitenspiel war so süß, dass die wilden Tiere und die Bäume sich um ihn sammelten, um ihn besser hören zu können.

Der Sage nach soll Dionysos als Kind von den Kindern der Erdgöttin, den Titanen geraubt worden sein. Sie zerrissen ihn in sieben Stücke und warfen die Einzelteile in einen, auf einen Dreifuß befestigten Kessel. Als das Fleisch gar war, brieten sie es. Da erschien Zeus, zerschmetterte die Titanen mit seinen Donnerkeilen und übergab die zerstückelten Glieder Apollon, der sie gehorsam nach den Befehlen des Zeus nach Delphi brachte und sie dort auf seinem eigenen Dreifuß wieder zusammenfügte.

Dionysos war auch der Gott des Weins aber nicht der der Trunkenheit. Wein wurde daher meist mit Wasser vermischt getrunken. Man glaubte aber, dass der Wein Hemmungen beseitigt und die Unterwerfung unter den göttlichen Willen erleichtert.
Im Zustand der Ekstasis tanzten seiner Anhänger unter Trommelklang und unter Evoe-Rufen. Sie fühlten sich in diesem Zustand eins mit ihrem Gott und rissen jedes Lebewesen, dass ihren Weg kreuzte, in Stücke. Sie sahen darin ihren Gott selbst und indem sie das Fleisch aßen, erfüllten sie sich mit seinem Geist und erwarben göttliche Kräfte. . Das Wasser in den Quellen wurde ihren Vorstellungen nach zu Wein - Milch und Honig flossen und die Tiere der Wildnis kamen herbei, um sich liebkosen zu lassen.:

Die Entrückung, die die Anhänger des Dionysos erlebten, eine Art Raserei oder Wahnsinn hieß Mania, wovon die Bezeichnung Mänaden für die dionysischen Frauen abgeleitet ist. Sokrates beschreibt die Art von Wahnsinn als heilig. Die Seele verlässt dabei den Körper, um sich mit Gott zu vereinigen. Bei Platon heißt es:[1] *„ Es gibt einen Wahnsinn, der ist ein Geschenk der Götter; der größte Segen kommt uns im Wahnsinn. Wahrsagung nämlich ist Wahnsinn und die Prophetin in Delphi......hat Griechenland viel Gutes getan, jedoch wenig oder nichts ausgerichtet, wenn sie bei Sinnen war.“*

Dieser Mysterienkult mit seiner beunruhigenden Wirkung besonders auf Frauen fand begreiflicherweise nicht überall Anklang und es ist nicht weiter erstaunlich, dass sich gegen den ausschweifenden, zügellosen Dionysoskult Widerspruch erhob. Deshalb wurde der orgiastische Kult vergeistigt und im Dienst staatlicher Religionsübung kanalisiert. Vielleicht nur in Delphi hielt man an den alten Riten in ihrer ursprünglichen ekstatischen

---

[1] Platon, „Symposion"

41

Form weiter fest. Hier war der Kult eng verknüpft mit dem Glauben an die Unsterblichkeit.

In Athen hingegen verlief die Entwicklung etwas anders. Neben den Mädchen, die als Mänaden ekstatische Tänze aufführen, traten vermummte Bockssänger oder Tragodoi auf und erzählten die Geschichte des Gottes, daraus entstand das Theater und die ersten Aufführungen von Tragödien. Das Theater, wie wir es kennen, entwickelte sich also unter dem Einfluss des Gottes und zuerst unter der Mitarbeit der Dionysospriester. Ursprünglich war sein Zweck rein religiös und die großen griechischen Schauspiele wurden zunächst in Szene gesetzt, um die Stellung des Menschen im göttlichen Weltengebäude wiederzugeben.

Das Dionysische nach Friedrich Creuzer

Friedrich Creuzer [1] schreibt dazu Im Band 4—Von der Lehre der Mysterien, besonders der Bacchischen:

Auch Dionysos war einer der griechischen Heroen oder Dämonen. *Plutarch schreibt dazu: „Osiris, Isis und Dionysos waren Dämonen mit menschlichen Regungen und Trieben, weil sie aber gute Genien gewesen, sind sie unter die Götter aufgenommen worden Man tue also wohl, dem Dionysos, wie dem Herakles eine aus göttlichem und heroischen Dienste gemischte Ehre zu erweisen"* Dionysos ist der Feuergeborene. Nach einer Sage war er mit dem Blitz vom Himmel herabgekommen. Seines Ursprungs wegen heißt er auch der Strahlengott *(λαμπτηρ)* und in Beziehung auf seine wundervolle Geburt auch *Βρομιοσ*. Auch der Efeu ist, wie des Dionysos des Osiris Pflanze, Sie war sein deutlichsten Abzeichen, der oft als der bacchische Zweig genannt wird.

In der Kunst wurde Dionysos aufgefasst als der volle blühende, ewige Sieg des Lebens und bildete so den weichen und jugendlichen, den schönen und seligen Dionysos.

Die menschliche Seite des Mythos, die auch im Volksglauben der Ägypter nachgewiesen wurde, war in Griechenland die herrschende. aber in der Geheimlehre stand Dionysos höher, er war danach sogar der Gott der Götter, welche Ansicht wieder auf Ägyptischer Priesterlehre ruht. .Phthas selber, nicht des Phthas Sohn heiß Dionysos bei Suidas, als Entscheider aller Dinge, Herr der Schicksale, erster Prophet. In der höheren Ansicht

---

[1] Friedrich Creuzer „ Symbololik und Mythologie der alten Völker" Leipzig und Darmstadt 1842

verschwinden alle Vermenschlichungen, das ewige Wesen ist sich selber bald Vater, Gatte, bald Bruder und Sohn und es ist immer ein Wesen, das in den orphischen Systemen unter verschiedenem Namen und Eigenschaften an den Anfang einiger Weltalter gestellt und in dem Schöpfungswerk auf verschiedene Weise beschäftigt ist. Die orphischen Lehren sind aber im wesentlichen Ägyptische Lehren (Herodot. II.81,)

Eine Revolution, die ganz Griechenland erschütterte breitete sich in Kleinasien aus. Auf den Cybelischen Gebirgen erscheint das Bild der Göttermutter, Hyagnis erfindet die erregende Flöte und stimmt in prygischer Weise der Mutter der Götter, des Dionysos und des Pan neue Lieder an. Etwas früher hatte Cadmus den Osiris-Phallus nach Böotien gebracht und ihm wird in seinem Hause der Enkel Dionysos geboren. Wo der neue Gottesdienst verbreitet wird, bricht Hader und Krieg aus und selbst der Blutsverwandte Pentheus muss als Verächter der neuen Religion einen grausamen Tod erleiden. Gleichen Tod erleidet in Thrakien der Freund (oder gar Sohn) des Apollo, Orpheus. Das reine Licht des alten Opferdienstes wurde von dem wilden neuen Feuer ergriffen und geriet in Gefahr, gänzlich darin zu verlöschen. Die prygisch-lydischen Cymbeln und Flöten übertönten die sanfte Melodie des Saitenspiels und die stillere Andacht musste dem rauschenden Orgiasmus Platz machen. Die Cithar war Produkt und Werkzeug der Einfalt des älteren, sanfteren Gottesdienstes aber in der ferneren Entwicklung der Religionsgefühle trat die Ahnung des Unendlichen in der Natur und das überwältigende Gefühl ihrer Wunder hervor und damit Enthusiasmus und Orgiasmus, zu dessen Ausdruck die Flöte das geeignete Instrument war, die da der bacchische Naturdienst ein Hauptelement der griechischen Religion blieb, der in den Weihen dieses Herrn der bunten Natur beibehalten wurden.

So schroff aber der Apollodienst der Bacchusreligion sich gegenüberstellte, so lesen wir doch auch von Versöhnung beider (Paus. Corint..23.8.), selbst in Argolis und die dort angegebenen Umstände leiten uns auf die orphischen Schulen, in denen Apollo mit Bacchus versöhnt und die Lyra mit der Flöte verbunden erscheint. Herodot bemerkt dazu, dass Cadmos den Dionysos und seine Gebräuche nicht aus dem Grund erklärt habe, erst die nachfolgenden Weisen hätten alles größer ausgedeutet. Auf diese bessere Auslegung gründete sich wohl die Aussöhnung des Perseus mit dem Dionysos, d.h. die Aussöhnung der Apollodiener mit denen des Bacchus. In Argolis wurde der Phallus des Dionysos ein Symbol auf Gräbern, als Bild der nie verlöschenden Lebenskraft, woran in der Geheimlehre das Dogma der Unsterblichkeit der Seele geknüpft war.

Hier greift nun besonders der Cretische Dionysos Zagreus vielseitig in die Geheimlehre ein. Danach müssen wir die Zerstückelung des Zagreus als einen Hauptsatz der Kosmologie und der Ethik betrachten. **Die Idee vom Bacchus, als physische Vielheit siderisch und astrologisch durchgeführt, finden wir in einem Orphischen Dogma (Gyraldus de Musis und Linacar Mythol.- Musar) : Dionysos ist demnach die Vielheit. d.h. das sich in vielen Formen darstellende All, in Luft, Wasser, Erde, Pflanzen und Tieren. Das ist das Zerstückeln des Gottes, den man Zagreus, Nyktelios und Isodates nennt. Apollo, fährt er fort, ist die Einheit (insofern er des Dionysos Glieder wieder sammelt), die der Natur in ihrer Entwicklung vorsteht, um sie vor Zersplitterung zu bewahren und wieder an das Eine zu befestigen**. Sind hier beide Götter entgegengesetzt, so berühren sie sich doch wieder in der Siebenzahl, die beiden Göttern heilig ist. In sieben Teile war Zagreus zerstückelt worden und Apollo hieß bei den Pythagoräern der am siebenten Tage geborene - Nun deutet man weiter: Dem Apollo (der Einheit) sei deswegen der ernste Päan heilig, dem Bacchus (der Vielheit), der wechselnde, unruhige Dithyrambus. Daher auch die Unruhe an Bacchischen Festen, daher Bacchus selbst in Bildern bald Kind, bald Jüngling, bald Mann, bald Greis, Apollo aber ewiger göttlicher Jüngling..

In seinen eigenen Mysterien aber ist Dionysos Herr der Natur, Schöpfer der Seelen und Lenker ihres Schicksals. Wie er von Zeus aus dem Himmel ausgegangen war und dahin zurückkehrte, so sollte nachahmend die Seele jedes Eingeweihten dahin zurückkehren suchen, woher sie gekommen. . **Da aber Dionysos in seinen Mysterien selbst ein hoher Gott ist, so müssen zwischen ihm und den Menschen andere Genien als Mystagogen des Lebens sein. Die Mysterien sind eine Pädagogik zum höheren Leben, eine Vermittlung. Vermittler werden also jene Dämonen sein, die einerseits an den Regungen und Leiden der Menschen, andererseits aber an den Eigenschaften und Kräften Gottes Anteil haben, diese Erfordernisse bacchantischer Genien finden wir an jenen bacchantischen Begleitern, welche die verschiedenen Eigenschaften dieses Gottes gleichsam als divergierende Radien seines Grundwesens in sich aufgenommen haben.**

Zunächst Silenus, der ausdrücklich des Dionysos Dämon heißt und als Chalis-Acratus der werdende Bacchus ist, ja selber Pädagoge des Dionysos war. Sodann Maron, sein Wagenführer, Ampelus, Methe, Nysa und der ganze Kreis seines Gefolges, besonders aber die Telete, die personifizierte Weihe. Aber der Gott selbst war der buntgestaltete ($\alpha\iota o\lambda o\mu o\rho\phi o\sigma$)
er wurde in jedem Alter androgyn dargestellt. Darum wird sein Gefolge auch in verschiedener Gestalt erscheinen. Auch Eros ist ein dämonischer Ministrant in den Mysterien. In den asiatischen Religionen hat Eros, der Nacht Sohn sogar eine kosmologische Würde als Vereiniger der streitenden Elemente. Eros waltet dabei

nicht bloß über das Urelement sondern er steht auch den Heilquellen vor. In diesem Sinne kann auch der Elementenbeherrscher Bacchus Eroten zu Begleitern haben

Die ästhetischen Grundtriebe

Im ersten Kapitel gibt Nietzsche schon deutlich seine Zielrichtung an, und zwar die **„ästhethische Wissenschaft" ,** die nicht nur zu logischen Einsicht, sondern auch zur unmittelbaren Sicherheit der Anschauung gekommen sei.

Er spricht ausdrücklich und das sei hier hervorgehoben von der **Kunst**, wenn er hier schreibt, dass ihre Fortentwicklung von „der Duplizität des Apollinischen und des Dionysischen gebunden sei „ , in ähnlicher Weise, wie die Generation von der Zweiheit der Geschlechter. Diese Namen seien den Griechen entlehnt, welche „ ihre tiefsinnigen **Geheimlehren** ihrer Kunstanschauung nicht in Begriffen, sondern in den Kunstgottheiten **Apollo und Dionysos** verkörpert hätten.

Auf Seite 6 fügt er hinzu, dass diese künstlerischen Mächte aus der Natur selbst, ohne Vermittlung des menschlichen Künstlers hervorbrechen würden und sich zunächst auf direktem Wege befriedigen würden und sich als Traum und Rausch offenbarten. Diesen Naturzuständen gegenüber, sei jeder Künstler nur ein Nachahmer.

Der Gegensatz zwischen den Trieben beruhe zum einen auf dem von **Ursprung und Zielen,** dann zwischen der **Kunst des bildenden Künstlers und der unbildlichen Kunst der Musik**.

Diese Kunsttriebe stehen für Nietzsche im offenen Zwiespalt zueinander und würden erst „durch den metaphysischen Wunderakt des hellenischen Willens miteinander gepaart erscheinen und dadurch zusammen das Kunstwerk der attischen Tragödie erzeugen."

Apollo beherrscht als Lichtgottheit demnach die Lichtwelt und somit auch den schönen Schein der Phantasiewelt der Träume und der schönen Künste und besitzt die wahrsagende Fähigkeit. Er ist das Prinzip der Individualisierung.

Das Wesen des Dionysos sei an ehesten durch die Analogie des Rausches aufgezeigt. Entweder durch den Einfluss narkotischer Getränke oder durch Herannahen des Frühlings entstünden diese dionysischen Regungen, die das Individuationsprinzip aufbrechen : Nietzsche sagt dazu: „...die Kunstgewalt der ganzen Natur, zur höchsten Wonnebefriedigung des Ur-Einen offenbart sich hier unter dem Schauder des Rausches."

Die Vereinigung dieser beiden Kunsttriebe, zugleich Rausch -und Traumkünstler sein zu können, sei erstmals in der griechischen Tragödie realisierbar gewesen.

In seinem Werk „**Der Wille zur Macht**" definiert Nietzsche später das **Apollinische und das Dionysische** präziser:

„Mit dem Wort dionysisch ist ausgedrückt: Ein Drang zur Einheit, ein Hinausgreifen über Person, Alltag, Gesellschaft, Realität über dem Abgrund des Vergehens: das leidenschaftlich-schmerzliche Überschwellen in dunklere, vollere, schwebendere Zustände; ein verzücktes Ja-Sagen zum Gesamtcharakter des Lebens, als dem in allen Wechsel Gleichen, Gleich-Mächtigen, Gleich-Seligen, die große **pantheistische Mitfreudigkeit und Mitleidigkeit**, welche auch die furchtbarsten und fragwürdigsten Eigenschaften des Lebens gutheißt und heiligt; der **ewige Willen zur Zeugung, zur Fruchtbarkeit, zur Wiederkehr; das Einheitsgefühl der Notwendigkeit des Schaffens und Vernichtens.**
Mit dem Wort apollinisch ist ausgedrückt: der Drang zum vollkommenen **Für-Sich-Sein, zum typischen Individuum**, zu

Allem was vereinfacht heraushebt, stark, deutlich, unzweideutig, typisch macht: die Freiheit unter dem Gesetz.
An den Antagonismus dieser beiden Natur-.Kunstgewalten sei die Fortentwicklung der Kunst ebenso notwendig geknüpft, als die Fortentwicklung der Menschheit an den Antagonismus der Geschlechter. Der Fülle der Macht und die Mäßigung, die höchste Form der Selbstbejahung in einer kühlen, vernehmen spröden Schönheit" .....(XIX, S. 360)

Nietzsche stellt sich das auf Seite 7 so vor, dass ein solcher Rausch -und Traumkünstler sich „ in der dionysischen Trunkenheit und mystischen Selbstentäußerung, einsam und abseits von den schwärmenden Chören niedersinkt und sich ihm nun, durch apollinische Traumeinwirkung sein eigener Zustand, d.h. seine Einheit mit dem innersten Grunde der Welt in einem gleichnishaften Traumbilde offenbare.

Diese Textstelle erscheint sehr erklärungsbedürftig. M. Djuric[1] schreibt zu diesem Thema, dass es sich bei diesem Rausch um einen außerordentlichen psycho-physiologischen Zustand handele, der von großer schöpferischer Leistungsfähigkeit zeuge, der das Aufschwellen der Lebensenergie vermittle und bestätige, der die Erhebung des Lebens auf eine höhere Stufe, seine Selbsterhebung bewirke. Nietzsches Meinung nach sei der Rausch ein dauerhaftes Pfand der künstlerischen Existenz : „ um die Dinge überhaupt voller einfacher, stärker sehen zu können, um nichts so zu sehen, wie es ist, müssen die Künstler der stärkeren Rasse der Menschen angehören, dazu muss ihnen eine Art ewiger Jugend und Frühling, eine Art habitueller Rausch im Leibe sein.[2]

---

[1] Nietzsche und die Metaphysik 1995

[2] Nachlaß, KGW VII, 14, Seite 87-89

Am Beispiel der Liebe, die er ebenfalls als Rausch begreife, zeige Nietzsche ausführlich, was der Rausch alles vermag, wie weit seine Transfigurationskraft reiche. Er fände, dass es keine Liebe ohne künstlerische Inspiration gibt, dass sich dem Liebenden selbst zur Kunst die Tür auftue, dass in der Liebe die Kunst als organische Funktion erscheine. Die Liebe sei im Grunde ein Fieber, das Gründe habe, sich zu transfigurieren, sie sei ein Rausch, der „gut tut über sich zu lügen." - „Der Rausch wird hier mit der Realität in einer Weise fertig, dass im Bewusstsein der Liebenden die Ursache ausgelöscht und etwas Andres sich an ihrer Stelle zu finden scheint,

ein Zittern und Aufglänzen aller Zauberspiegel der Circe."[3]

Für Nietzsche, schreibt Guric auf Seite 276 weiter, sei der Rausch für Nietzsche im vollen Sinn des Wortes eine Extase aller menschlichen Kräfte und Fähigkeiten, sowohl der körperlichen, als auch der geistigen, ihr wechselseitiges gesteigertes Wirken, ihr ungeteiltes Zittern und Gären.

Statt in Finsternis und Chaos zu versinken bahne der Rausch der Form den Weg, er verschärfe die Unterschiede, verlange Klarheit und Deutlichkeit. In ihm überwiege „ die extreme Feinheit und Pracht der Farbe, die Deutlichkeit der Linie, die Nuance des Tons. In dieser Hinsicht übertreffe der Zustand des Rausches weit den sogenannten normalen Zustand. Weil im Rausch alle Höhen-Momente des Lebens mitwirkten, sowohl die körperlichen, als auch diejenigen, die seine geistigen Kräfte betreffen, erwecke er das Gefühl höchster Freude und Lust. (Nachlass Seite 86). Nach Nietzsches Ansicht sei der Rausch weder ein dunkler irrationaler Grund des künstlerischen Schaffens, noch ein Hindernis für dessen eigentliche philosophische Verklärung. Der Künstler schaffe nicht aus Begeisterung (mania) ästhetisch sich selbst entfremdet, so wie auch nicht allein aufgrund der Vernunft schaffe, nüchtern auf den

---

[3] Nachlaß, 1888/89 KGW VIII, S 324

Logos hörend. Sein Rausch implifiziere ungeteilte Mitwirkung aller verfügbaren Kräfte und Fähigkeiten. Der Künstler sei zugleich trunken und nüchtern, höchst erregt und höchst besonnen.

 Im Kapitel 4 weist Nietzsche ausdrücklich darauf hin, dass nach den vorliegenden Überlieferungen die Tragödie aus dem tragischen Chor entstanden sei und ursprünglich nur als Chor agiert habe. Dies sei der griechische Satyrchor gewesen, der wie Nietzsche sich ausdrückt „ hoch emporgehoben über die wirkliche Wandelbahn der Sterblichen zu wandeln pflegte." Es sei die Atmosphäre eines „fingierten Naturzustandes" hergestellt worden, in den „fingierte Naturwesen" gestellt worden seien.

Nietzsche führt weiter aus, „ dass sich der Satyr, das fingierte Naturwesen zu dem Kulturmenschen in gleicher Weise verhalte, wie die dionysische Musik zur Zivilisation." Er beruft sich dabei auf Richard Wagner, der die These aufgestellt hatte, dass die Zivilisation von der Musik aufgehoben werde, wie der Lampenschein vom Tageslicht.

Die Wirkung der dionysischen Tragödie habe daher darin bestanden, dass die Teilnehmer an das Herz der Natur zurückgeführt wurden und durch das entstehende Einheitsgefühl die Klüfte zwischen der Gesellschaft und zwischen Mensch und Mensch aufgehoben wurden. Daraus entstünde der metaphysische Trost, -„ dass das Leben im Grunde der Dinge, trotz aller Wechsel der Erscheinungen unzerstörbar mächtig und lustvoll sei."
Diese Naturwesen aber lebten unverrückbar hinter aller Zivilisation und blieben ewig dieselben.
Diejenigen aber, die das furchtbare Vernichtungstreiben der Weltgeschichte erkannt und in die Grausamkeit der Natur geblickt hätten und sich deshalb nach einer buddhistischen Verneinung

sehnten, „rettet die Kunst, und durch die Kunst rettet ihn sich - das Leben."

Durch die Verzückung, die im dionysischen Zustand erlebbar sei, schreibt Nietzsche weiter, öffne sich eine Kluft zwischen der alltäglichen und dionysischen Wirklichkeit. Das alltägliche Geschehen würde nur mit Ekel als solches empfunden, eine asketische, willensverneinende Stimmung sei die Folge. Nietzsche geht davon aus, dass dem Teilnehmer am dionysischen Zug einmal ein wahrer Blick in das wahre Wesen der Dinge vergönnt gewesen sei „sie haben erkannt und es ekelt sie, zu handeln; denn ihre Handlung kann nichts am ewigen Wesen der Dinge ändern."

Nietzsche führt weiter aus, dass diese Erkenntnis das Handeln töte, denn zum Handeln gehöre das „Umschleiertsein durch die Illusion ", die wahre Erkenntnis, der Einblick in die grauenhafte Wahrheit überwiege jedes, zum Handeln antreibende Motiv.

Im Bewusstsein der einmal geschauten Wahrheit sehe der Mensch überall nur noch das Entsetzliche oder Absurde des Daseins, die Folge davon sei, dass er sich ekle. In dieser größten Gefahr des Willens nahe sich als rettende Kraft die Kunst, nur sie sei imstande, das Entsetzliche oder Absurde des Daseins in Vorstellungen umzubiegen, mit denen sich leben ließe. diese seien das Erhabene als die künstlerische Bändigung des Entsetzlichen und das Komische als die künstlerische Entladung vom Ekel des Absurden. Der Satyrchor sei daher die rettende Tat der griechischen Kunst gewesen.

Leider führt Nietzsche hier nicht präziser aus, wodurch dieser Ekel und der Einblick in die sogenannte grauenhafte Wahrheit zustande gekommen sein könnte, spricht er doch zunächst, von der Verzückung des dionysischen Zustandes, möglicherweise ist aber hier mehr angesprochen, als nur eine „Katerstimmung" nach durchzechter Nacht, wenn man sich all der „eklig" erscheinenden Peinlichkeiten erinnert, die man in einem solchen Naturzustand möglicherweise begangen haben könnte und am liebsten ganz schnell vergessen möchte

Den einzigen Hinweis, den uns Nietzsche gibt, bezieht sich das furchtbare Vernichtungstreiben der Weltgeschichte und die „Grausamkeiten der Natur". Die Verzückung des dionysischen Zustandes enthielte auf die Dauer ein lethargisches Element, in das sich alles, in der Vergangenheit erlebte, eintauche. so scheide sich durch eine Kluft der Vergessenheit die Welt der alltäglichen und der dionysischen Wirklichkeit ab. Hier unterscheidet Nietzsche plötzlich nicht mehr zwischen apollinisch und dionysisch, sondern zwischen alltäglich und dionysisch.

Es ist heute bekannt, dass bei den bacchantischen Zügen alles Getier ,was dieser Bewegung den Weg kreuzte, einfach zerissen wurde. Dabei verschonten, wie man liest, die rasenden Mänaden gelegentlich auch kleine Kinder aber auch Gegner ihrer Bewegung, wie zum Beispiel den Orpheus nicht. Wir lesen auch, dass Opferstiere bei lebendigen Leibe zerrissen und verspeist wurden, als Anspielung auf Dionysos, der der Sage nach, selbst von den Titanen zerrissen worden ist. Wir lesen auch von den Orgien und von unglaublichen Ausschreitungen gewalttätiger Art und wir können uns gut vorstellen, wozu eine solche Horde, von allen Fesseln befreit, fähig sein könnte, besonders wenn sie zivilisationsbedingt ihre natürlichen Triebe längere Zeit unterdrücken musste.

In den geplanten Unzeitgemäßen Betrachtungen „Wir Philologen" unterscheidet Nietzsche vom Kunsttrieb der dionysischen Griechen dessen kunstfremde Verabsolutierung unter den dionysischen Barbaren (im 2. Abschnitt; 26f.;54) Dieser Abschnitt ist der ungeheuren Kluft gewidmet, welche den dionysischen Griechen von dem griechischen Barbaren trennt. Nietzsche führt hier aus, dass die Griechen einer schrankenlosen Entfesselung der elementaren Gewalten, wie sie aus orientalischen Bräuchen bekannt sei, widerstanden habe.

„Gegen die fieberhaften Regungen jener Feste, deren Kenntnisse auf allen Land -und Seewegen zu den Griechen drang, waren sie, scheint es, eine Zeitlang völlig geschützt und gesichert durch die hier sich zu seinem ganzen Stolz aufrichtende Gestalt des Apollo, der Medusenhaupt keiner gefährlicheren Macht entgegenhalten konnte als dieser fratzenhaft ungeschlachteten dionysischen" (I 27;54). Und als dann bei den Griechen selbst „ aus der tiefsten Wurzel des Hellenischen heraus sich ähnliche Triebe Bahn brachen ,da sei das Wirken des delphischen Gottes darauf gerichtet gewesen, „dem gewaltigen Gegner durch eine zur rechten Zeit abgeschlossene Versöhnung die vernichtenden Waffen aus der Hand zu nehmen." (I 27;55)

Sicherlich kann aber wohl davon ausgegangen werden, dass es zu der von Nietzsche beschriebenen Versöhnung erst nach langen und heftigen Auseinandersetzungen gekommen sein dürfte, wie später im geschichtlichen Rückblick erläutert wird.

Eine derartige Verschmelzung von unterschiedlichen religiösen Inhalten war aber wohl in der antiken Welt ganz bestimmt kein Novum in Hinblick auf die persischen, indischen und ägyptischen Einflusse, die gerade in Griechenland zu einer Einheit verschmolzen, ist aber wohl ein herausragendes Merkmal der Assimilationsfähigkeit der hellenischen Kultur.

Dieter Jänig schreibt dazu, dass die Alternative zum Barbarischen nicht im Apollinischen zu sehen sei, sondern im Wechselspiel zwischen des Dionysischen mit dem Apollinischen. Die ungeheure Kluft zwischen dem barbarischen und dem Apollinischen läge darin, dass die gleiche elementare Gewalt in dem einen Fall isoliert und verabsolutiert, in dem anderen Fall der Bändigung zugänglich sei.

Wie diese elementare Gewalt allerdings der Bändigung zugänglich gewesen sein soll, ist heute wohl kaum vorstellbar. Auf irgendeine Weise muss sie schließlich Gelegenheit gehabt haben, sich ungehemmt zu entladen. Eher ließe sich eine Bändigung nach der Entladung vorstellen, wenn die Teilnehmer nach dem „außer sich sein" ihrem natürlichen Grundtrieb folgend, von selbst wieder in sich kehrten.

Im Laufe der Entwicklung wurden also die dionysischen Riten verfeinert, sie wurden vergeistigt und dem orphischen Gedankengut angegliedert. Dabei entstanden auch die Chöre, wahrscheinlich, um die ungezügelten Energien in einer künstlerischen Form zu kanalisieren, denn blind freigesetzte Energien, die nicht irgendwie umgesetzt werden können, wirken zerstörerisch. Im Kapitel 1 schreibt Nietzsche über die **Geheimlehren** der Kunstanschauung der Griechen. Wie von Friedrich Creuzer ausgeführt wurde, war der Dionysoskult tatsächlich Teil einer Geheimlehre, in der die natürlichen Lebenskräfte, die durch den Ritus freigesetzt wurden, in eine höhere geistige Ebene, wie z.B. die Kunst überführt wurden.

Mit solch einer dionysischen Erfahrung, die nach Nietzsche die Erfahrung des mystischen Ureinen ermöglichte, ist es auch leicht vorstellbar, dass dem Teilnehmer die Rückkehr in die nun banal erscheinende Alltagsrealität sehr schwer gefallen sein muss. Das Grauen, von dem Nietzsche hier spricht, ist könnte das Grauen vor der in sich selbst erkannten, grausamen Natur und des Zerbrechens der eigenen Individualität sein. Und dann bedeutet die Rückkehr in die Alltagswelt wiederum ein Zerbrechen dieser Ganzheitserfahrung. Ein Ekel sowohl vor der eigenen Natur als auch der Alltagswelt könnte sich dann einstellen ‚der sich möglicherweise lähmend auswirkt. [11]

Im Kapitel 5 führt Nietzsche weiter aus, dass die griechische Tragödie als der dionysische Chor zu verstehen sei, „der sich immer wieder in einer apollinischen Bilderwelt entladet". Dieser Urgrund der Tragödie strahle die Vision des Dramas aus. Sie sei zwar auch Traumerscheinung, aber ausdrücklich nicht die apollinische Erlösung im Scheine, sondern im Gegenteil das Zerbrechen des Individuums und sein Einswerden mit dem Urgrund.
Somit sei das Drama die apollinische Versinnlichung dionysischer Erkenntnisse und Wirkungen und dadurch wie eine ungeheure Kluft vom Epos abgeschieden.

Im Kapitel 6 erklärt Nietzsche, dass alle die berühmten Figuren der griechischen Bühne, Prometheus, Ödipus u.s.w. nur Masken jenes ursprünglichen Helden Dionysos seien. Der reine Dionysos erscheine in einer Vielheit der Gestalten, in der Maske eines kämpfenden Helden und in das Netz des Einzelwillen verstrickt,

---

[1]   worauf Nietzsche kaum eingeht, ist die Tatsache, dass der Dionysoskul t eine rein religiöse Angelegenheit war. Als solche war er mit Sicherheit auch an bestimmte Formen gebunden . Hauptaspekt kann dabei wohl aber nicht die Zelebrierung von Orgien in unserem Sinne gewesen sein, denn die religöse Untermauerung sorgte sicherlich dafür, dass diese Riten mit der gebührenden Ehrfurcht durchgeführt wurden, nicht aber deswegen allein, um den zivilisationsbedingten Triebstau abzubauen (wie wir dieses Angelegenheit vielleicht heute fälschlicherweise betrachten würden) In dieser Hinsicht hatte sich in jener Zeit wohl noch nicht so viel angestaut, wie zu Nietzsches Zeiten. (Vielleicht bei den Sklaven, aber von ihnen erfahren wir nichts) Die vielen Berichte über die Zügellosigkeiten und die Grausamkeiten dieser Bewegung könnten auch von Gegnern des Dionysoskult verfaßt sein.

dass er mit epischer Deutlichkeit erscheine, sei die Wirkung des Traumdeuters Apollo, der dem Chore seinen dionysischen Zustand durch jene gleichnishafte Erscheinung deute.

In Wahrheit aber sei jener Held der leidende Dionysos der Mysterien, jener die Leiden der Individuation an sich erfahrende Gott, von dem wundervolle Mythen erzählten, wie er als Knabe von den Titanen zerstückelt worden sei und nun in diesem Zustande als Zagreus verehrt werde: wobei angedeutet wird, dass diese Zerstückelung, das eigentliche dionysische Leiden, gleich einer Umwandlung in Luft, Wasser, Erde, Feuer sei, dass wir also den Zustand der Individuation als den Quell und Urgrund allen Leidens als etwas an sich Verwerfliches, zu betrachten hätten. Aus dem Lächeln dieses Dionysos seien die olympischen Götter, aus seinen Tränen die Menschen entstanden. In jener Existenz als zerstückelter Gott hat Dionysos die Doppelnatur eines grausamen, verwilderten Dämons und eines milden sanftmütigen Herrschers. Die Hoffnung der Epopten[1] ginge aber auf eine Wiedergeburt des Dionysos, die wir jetzt als das Ende der Individuation ahnungsvoll zu begreifen hätten: diesen kommenden dritten Dionysos erscholl der brausende Jubelgesang der Epopten. Und nur in dieser Hoffnung gebe es ein Strahl von Freude auf dem Antlitz der zerrissenen, in Individuen zertrümmerten Welt.‟

In dieser Mysterienlehre der Tragödie, führt Nietzsche weiter aus, seien alle Bestandteile einer tiefsinnigen und pessimistischen Weltbetrachtung enthalten. Dazu gehörten die Erkenntnis von der Einheit alles Vorhandenen und „ der Betrachtung der Individuation als des Urgrundes des Übels.‟ Die Kunst sei aber die Hoffnung,

---

[1] Der in die Mysterien Eingeweihten

dass der Bann der Individuation zu zerbrechen sei und die Ahnung der wiederhergestellten Einheit.

Nietzsche bezieht sich hier auf die Geheimlehre des Kretischen Dionysos Zagreus, nach dem die Zerstückelung des Zagreus als ein Hauptsatz der Kosmologie und der Ethik zu betrachten ist. Nietzsche nimmt hier nicht Stellung zu dem Teil des Mythos, in dem dieser zerstückelte Dionysos von Apollo wieder zusammengesetzt wird, denn es ist ja gerade der Lichtgott (des schönen Scheins, würde Nietzsche sagen), dem Dionysos später seine wiedergefundene Ganzheit verdankt. Schließlich ist Apollo die Einheit, (insofern er des Dionysos Glieder wieder sammelt), die der Natur in ihrer Entwicklung vorsteht, um sie vor Zersplitterung zu bewahren und wieder an das Eine zu befestigen. Nietzsche bezieht sich hier aber wahrscheinlich auf den wiederkehrenden Dionysos, der der Sage nach, einmal die Weltherrschaft übernehmen soll....[*].

Im Kapitel 15 führt Nietzsche diese Gedanken weiter aus. Nicht aus der bildenden Kunst, sondern erst aus „dem Geiste der Musik heraus" verstünden „wir eine Freude an der Vernichtung des Individuums." An solchen Beispielen der Vernichtung würde uns „das ewige Phänomen der dionysischen Kunst deutlich gemacht" die den Willen in seiner Allmacht hinter dem Individualitätsprinzip deutlich mache, sowie das „ewige Leben jenseits aller Erscheinung und trotz aller Vernichtung." Weiter schreibt Nietzsche:" **Wir glauben an das ewige Leben, so ruft die Tragödie; während die Musik die unmittelbare Idee dieses Lebens ist.**

Hier setzt sich Nietzsche von der traditionellen Ästhetik ab, indem er eindeutig den Vorrang des Ästhetischen dem Geiste der Musik einräumt.

---

[*] Friedrich Creuzer, Band 4 Symbolik und Mythologie der alten Völker

Wolfgang Welsch[1] schreibt dazu, dass ursprünglich die abendländische Kultur nicht eine Kultur des Sehens, sondern des Hörens gewesen sei. Die griechische Kunst sei anfänglich vom Hören bestimmt. Egon Friedell [2] habe darauf hingewiesen, Dass „die Empfänglichkeit und Empfindlichkeit für die Macht der Töne.....geradezu pathologisch gewesen sei. Und Nietzsche, von dem Friedell diese Auffassung übernommen habe, leitete die zentrale Erfindung der klassischen griechischen Kultur, die Tragödie aus dem Geiste der Musik ab.

Zu einem Primat des Sehens sei es erst dann an der Wende zum fünften, vorchristlichen Jahrhundert gekommen und zwar vornehmlich in den Bereichen Philosophie, Wissenschaft und Kunst. Bei Platon habe sich das visuelle Modell dann vollständig durchgesetzt. Die Grundbestimmungen des Seins hießen nunmehr Ideen, würden also bis ins Wort hinein als Gegenstände des Sehens bestimmt.(Hinweis auf Platons Höhlengleichnis). Die Wahrheit des Kosmos würde in der Grammatik des Sehens, nicht mehr in den Strukturen des Hörens gesucht. Damit sei das Visualprimat auf unabsehbare Zeit befestigt worden und habe die neuplatonische und mittelalterliche Lichtmetaphysik ebenso bestimmt wie das neuzeitlich und moderne Lichtpathos der Aufklärung.

Auf Seite 152 schreibt Welsch, dass traditionell das Sehen wegen seiner Merkmale der Distanz, Präzision und Universalität sowie wegen seiner Bestimmungskraft und seiner Nähe zum Erkennen an die erste Stelle gesetzt worden sei. Von Heraklit über Leonardo da Vinci bis zu Merleau-Ponty habe das Sehen als unser ausgezeichnetster und edelster Sinn gegolten. Inzwischen würden jedoch die Muster, die diesem Prinzip zugrunde lägen - herrschaftliche Muster des Wahrnehmens und Erkennens - von

---

[1] Grenzgänge der Ästhetik, Reclam

[2] Egon Friedell, Kulturgeschichte Griechenlands München 1966

Autoren wie Heidegger, Wittgenstein, Foucault, Derrida und Irigaray einer Kritik unterzogen . Gegenwärtig erlebten wir zudem, dass das Sehen in der Tat nicht mehr der verlässliche Sinn für den Kontakt mit der Realität sei, als der er einst gegolten habe - er sei dies nicht mehr in der Welt einer unanschaulich gewordenen Physik und ebenso in der Welt der Medien. Gleichzeitig hätten andere Sinne neue Aufmerksamkeit gefunden. Im Zuge solcher Entwicklungen komme es immer mehr zum Abschied von der traditionellen Sinneshierarchie - mit dem Sehen an der Spitze, gefolgt vom Hören, bis zum Riechen. die Karten der Sinnlichkeit würden neu gemischt. Anstelle einer fest etablierten Hierarchie tendiere man entweder zu einer gleichmäßigen Schätzung aller Sinne oder zu unterschiedlichen, zweckspezifischen Hierarchien.

Weiter schreibt Nietzsche in Kapitel 12, dass uns die dionysische Kunst von der Lust des Daseins überzeugen wolle, wir sollten aber die Lust nicht in den Erscheinungen, sondern hinter ihnen suchen. Wir seien in solchen kurzen Momenten das Urwesen selbst und „fühlten dessen unbändige Daseinsgier und Daseinslust." Der Kampf, die Qual und die Vernichtung der Erscheinung dünke uns jetzt wie notwendig, „bei dem Übermaß von unzähligen, sich ins Leben drängenden und stoßenden Daseinsformen, bei der überschwänglichen Fruchtbarkeit des Weltwillens. „
Hier ist es die Natur selbst, wie Nietzsche sie sieht, die sich im dionysischen Prinzip als Urwesen personifiziert, und wie ich später darauf eingehen werde, in der orphischen Lehre enthalten ist.

Trotz Furcht und Mitleid seien wir die glücklich Lebendigen, nicht als Individuen, „sondern als das Eine Lebendige, mit dessen Zeugungslust wir verschmolzen sind."
Die Entstehungsgeschichte der griechischen Tragödie, schreibt Nietzsche weiter, sage uns, wie das tragische Kunstwerk aus dem Geiste der Musik herausgetreten sei. Jenes Ringen des Geistes der

Musik sei aber nach üppiger Entfaltung plötzlich abgebrochen und von der Oberfläche der hellenischen Kunst verschwunden. Die dionysische Weltanschauung habe aber in den Mysterien weitergelebt. Nietzsche hofft daher, dass sie aus dieser mystischen Tiefe wieder einmal als Kunst emporsteigen wird.

Die alte Tragödie sei aus dem dialektischen Trieb zum Wissen und zur Wissenschaft aus ihrem Gleis gedrängt worden. Demnach gäbe es nun einen ewigen Kampf zwischen der theoretischen und der tragischen Weltbetrachtung. Erst wenn der Geist der Wissenschaft bis an seine Grenzen gelangt sei, „dürfte auf eine Wiedergeburt der Tragödie zu hoffen sein"

Im Kapitel 12 führt Nietzsche weiter aus, dass das Dionysische, an dem Apollinischen gemessen, als ewige und ursprüngliche Kunstgewalt auftrete, die die ganze Welt der Erscheinungen ins Dasein rufe, in deren Mitte ein neuer Verklärungsschein nötig sei, um die belebte Welt der Individuation im Leben festzuhalten. Nietzsche sieht hier das Menschwerden als Dissonanz und folgert daraus, dass diese Dissonanz eine Illusion brauche, die ihr einen Schönheitsschleier über das Wesen deckt. Dies sei die wahre Kunstabsicht des Apollo, in dessen Namen wir die Illusionen „des schönen Scheins zusammenfassen, die in jedem Augenblick das Dasein überhaupt lebenswert machen.

Nietzsche und Sokrates

Nietzsches „Geburt der Tragödie" hat auch einen philosophischen Teil, in dem er sich von Platon distanziert und der ihm später den Ruf des „Vorsokratikers" einbringt.

Nietzsche schreibt dazu in Kapitel 8, dass Euripedes für die Zerstörung der griechischen Tragödie verantwortlich sei, denn er sei maßgeblich daran beteiligt gewesen, die Tragödie zur Komödie werden zu lassen und sie somit zu profanisieren. Der damit geschaffene neue Gegensatz sei damit nicht mehr das Apollinische und das Dionysische gewesen, sondern das –dionysische und das Sokratische. Nietzsche geht dann auf das ein, was er in diesem Zusammenhang als sokratisch ansieht, leider aber ohne jegliche Angabe von Textstellen, so dass zunächst einmal seine Stellungnahme als rein polemisch erscheinen mag. Befremdend erscheint auch seine Behauptung wenn er schreibt, dass sich die instinktive Weisheit bei dieser abnormen Natur Sokrates nur zeige, um dem bewussten Erkennen hier und da hindernd entgegenzutreten. Das sogenannte Dämonion des Sokrates, wenn es käme, würde immer abmahnen. Sein Bewusstsein würde dadurch zum Schöpfer, der Instinkt zum Kritiker. Dies sei eine wahre Monstrosität per defektum. Nietzsche folgt daraus, dass Sokrates als der spezifische Nicht-Mystiker zu bezeichnen sei und es sei unmöglich gewesen, seinen, die Instinkte auflösenden Einfluss gutzuheißen.

Er habe das optimistische Element im Wesen der Dialektik repräsentiert, das die dionysische Regionen allmählich überwucherte , „bis zum Todessprung in das bürgerliche Schauspiel. Nietzsche beanstandet auch die Textstellen Sokrates: Tugend sei Wissen, es wird nur gesündigt aus Unwissenheit - der Tugendhafte sei der Glückliche, in diesen drei Grundformen zeige sich der Tod der Tragödie. Denn jetzt müsse der Tugendhafte Held Dialektiker sein und zwischen Tugend und Wissen, Glaube und Moral ein notwendig sichtbarer Verband sein.

Dies sind zum Teil sehr heftige polemische Angriffe auf Sokrates, auf die aber aus Mangel an angegebenen Textstellen kaum eingegangen werden kann.

Es ist aber problematisch , Sokrates als Nichtmystiker zu bezeichnen, denn er hat sich in zahlreichen Textstellen sehr ausführlich mit der Mystik beschäftigt und sie in seine Lehre eingebaut. Als Beleg darf zunächst einmal Platons Phaidros gelten, in dem er seine Stellung zu den Mythologen ausführlich darlegt: [1]

Sokrates erwidert eine Frage Phaidros, die sich auf die mythologische Gestalt der Oreithyia bezieht. Phaidron fragt an dieser Textstelle ganz erstaunt: „ *Aber um Zeus willen, Sokrates, glaubst auch Du, das diese Geschichte wahr ist?*

Sokrates erwidert: *Wenn ich es nicht glaubte, dann wäre ich nicht so ratlos, ich könnte mich um eine natürliche Erklärung bemühen. Doch diejenigen, die so verfahren, sind nicht zu beneiden, denn sie müssen notwendigerweise auch die Zentauren ins Gerede bringen, die Gorgonen, Pegasen und hernach die Cimaira und die ganzen anderen unbegreiflichen Wesen und wer die alle auf etwas Wahrscheinliches bringen will, der wird sich mit einer solchen unzierlichen Weisheit viel Zeit verderben.*

Ich aber habe dazu ganz und gar keine Muße, denn ich kann noch immer nicht nach dem delphischen Spruch mich selbst erkennen und daher kommt es mir lächerlich vor, solange ich hierin noch unwissend bin, an andere Dinge zu denke. Daher lasse ich das alles gut sein und annehmend, was darüber allgemein geglaubt wird. ich denke nicht an diese Dinge, sondern über mich selbst, ob ich etwas ein Ungeheuer bin, noch verschlungener gebildet und ungetümer als Typhon oder ein milderes und einfacheres Wesen, dass sich eines göttlichen und edlen Teils erfreut.

---

[1] Platon Phaidros 229 d

Sokrates beschreibt im weiteren Verlauf drei Arten göttlichen Wahnsinns [1]. Zuerst den der Verliebten, der Priesterinnen zu Delphi und als dritte diejenige, die Nietzsches Darstellung widerlegen könnte:

„Die dritte Entgleisung und Wahnsinnigkeit von den Musen ergreift eine zarte und heilig geschonte Seele aufregend und befeuernd und in festlichen Gesängen und anderen Werken der Dichtkunst tausend Taten der Urväter ausschmückend, bildet sie die Nachkommen.
Wer aber ohne diesen Wahnsinn in den Musen in den Vorhallen der Dichtkunst sich einfindet, meinend, er könne durch Kunst allein genug ein Dichter werden, ein solcher ist selbst ungeweiht und auch seine, des Verständigen Dichtung wird von der des Wahnsinnigen verdunkelt."

Im weiteren Verlauf des Phaidros geht dann Sokrates auf den sogenannten Umfahrtmythos ein, der den Bestandteil der orphischen Urreligion bildet.

Ein weiterer Beleg, der für das intakte Instinktleben Sokrates spricht, mag Platons Symposion gelten: [2] in dem Eros als der Bote zwischen dem göttlichen und dem menschlichen Beschrieben wird und in dem auch auf das Daimonion eingegangen wird. .

Es gäbe noch eine Reihe weiterer Textstellen, die belegen, dass Platon weder die Mythologie, noch die Mystik zugunsten seiner Dialektik geschmälert hat. Es gibt auch keinen Hinweis auf seine Instinktfeindlichkeit. Dass Nietzsche den Eindruck gewonnen hat,

---

[1] Platon, Phaidros 244 a

[2] Platon, Symposion 202 d

dass Sokrates Dämonion immer „ abmahne" , müsste vielleicht aus einem anderen Zusammenhang her untersucht werden.

Platon hat in seinen Dialogen immer wieder gezeigt, dass er einen positiven Bezug zu den Mythologen hat, sei es beim orphischen Umfahrtmythos oder seiner Wiedergeburtslehre , in der er sogar das Medium „ER" auftreten lässt.
Erstaunlich ist, dass Sokrates sogar in zahlreichen Dialogen die Thesen der Wiedergeburt vertrat, die ja, wie bereits festgestellt wurde, durch die Anhänger des Dionysos Verbreitung gefunden hatten.

Allerdings ist dabei zu beobachten, dass hinsichtlich der Bearbeitung dieser mythologischen Themen tatsächlich eine Akzentverschiebung zu beobachten ist. Platon versucht nämlich diese Themenbereiche ethisch aufzuarbeiten, um damit eine allgemein verwendbare Sittenlehre zu schaffen.

Ein Beispiel dafür findet sich in einem Abschnitt über die Wiedergeburtslehre - Gesetze 870 a:
Hier wird über die Bestrafung von Mördern diskutiert. Sokrates erklärt, dass die falsche Vorstellung vom Reichtum der eigentliche Grund solcher Straftaten sei. Diejenigen, die ihren Glauben (der Wiedergeburt) praktizieren, sind der Auffassung, dass solche Täter im Hades bestraft werden und nach ihrer Wiederverkörperung, wenn die Sünden abgebüßt sind, ein ähnliche Schicksal wie ihre Opfer erleiden müssten. Wer an eine solche Doktrin glaube, brauche kein Gesetz mehr. Der Mensch wird hier als soziales Wesen definiert. Da die Wiedergeburtslehre nach dieser Ansicht zu gutem sozialen Verhalten im täglichen Leben führe, sei sie ebenso wahr, wie der Vorrang der Seele im Universum wahr sei. Bei der Lektüre solcher Textstellen entsteht natürlich der Eindruck, dass Platon jeden lebendigen Bezug zum überlieferten

Glauben verloren hat. Ein Beleg darüber, wie er persönlich dazu stand, lässt sich aus seinen Texten allerdings nicht ausmachen.

Um einen weiteren Ansatzpunkt für eine Akzentverschiebung Sokrates hinsichtlich der orphischen Mythologen zu finden, muss die orphische Urreligion einer näheren Überprüfung unterzogen werden, die wohl auch für Nietzsche eine Bedeutung hatte.

Nach **Johann Jakob Bachofen** [1] umschließt nach orphischer Lehre der stoffliche Urgrund der Dinge, der aus sich alles Leben aus Licht entstehen lässt , gleichermaßen das Werden und Vergehen und trägt zu gleicher Zeit die Licht -und Schattenseiten in sich. Das orphische Urei ist nach seiner Schilderung halb weiß, halb schwarz oder rot. Diese Farben gingen ebenso beständig ineinander über wie Leben und Tod, Tag und Nacht, Werden und Vergehen. Sie bestünden nicht nur nebeneinander, sondern ineinander. Der Tod sei die Vorbedingung des Lebens, und nur in demselben Verhältnis, in welchem das Zerstören fortschreite, könne auch die schaffende Kraft tätig werden. In jedem Augenblick gingen Werden und Vergehen nebeneinander her. Das Leben jedes tellurischen Organismus sei die Wirkung einer kombinierten doppelten Kraft, der schaffenden und der zerstörenden.
Bildlich würde dieser Gedanke durch zwei, gleichen Schrittes dahinfliegender Pferde verschiedener, heller und dunkler Farbe wiedergegeben, dargestellt durch ein schwarzes und ein weißes Pferd, die nebeneinander herliefen . Als Licht - und Schattenseiten der Natur stünden sie nebeneinander.
Plutarch sagt (de.Is.et Os 45) dass „ überall bei Mysterien und Opfern, sowohl unter Griechen, als unter Barbaren gelehrt wird, „ dass es zwei besondere Grundwesen und einander

---

[1] Urreligion und antike Symbole

entgegengesetzte Kräfte geben müsse, von denen das eine rechter Hand und geradeaus führt, das andere aber umlenkt und wieder zurücktreibt. Beide sind für den Fortgang der Erzeugung gleich wesentlich."

Daraus erkläre sich die Häufigkeit der Bruderpaare, die bald als ewig sich bekämpfende, bald als freundlich verbunden, meist als Zwillinge erscheinen. sie seien eben beides zugleich, zwei einheitlich verbundene Gegensätze. Sie befeindeten , bekämpften sich ewig wie Leben und Tod, Werden und Vergehen und erhielten dadurch der Schöpfung ihre ewige Jugendfrische.. sie trieben also vereint demselben Ziele zu, der rasche Flug des Gespanns entstünde dadurch, dass das weiße und schwarze Pferd ihre Anstrengung nach demselben Ziele richteten.

Das hervorbrechende Pferdegespann würde als Eigeburt dargestellt. Wie das Küken dem Ei, so enteile das Gespann geflügelt den Kerker, der seiner Werdelust bisher Schranken entgegensetzte. Was verborgen war, würde sichtbar, was bewegungslos, gehe nun in rastlose Eile über. Mit dem ersten Augenblick beginne jene Unruhe, welche es zu der früher im Ei herrschenden Stille und Regungslosigkeit einen so entschiedenen Gegensatz gebildet habe.

Bereits hier treffen wir auf zwei Triebkräfte der Seele, symbolisiert durch die zwei geflügelten Pferde, die ein Gespann ziehen.

Platon beschreibt die Beschaffenheit seiner Seelenrosse im Kapitel 34 des Phaidros wie folgt.

„Das eine von ihnen, welches die bessere Stelle einnimmt, ist von geradem Wuchse, leicht gegliedert, hochhalsig mit gebogener Nase, weiß von Haar, schwarzäugig, ehrliebend mit Besonnenheit

und Scham und als wahrer Meinungsfreund wird es ohne Schläge nur durch Befehl und Worte gelenkt, das andere aber ist senkrückig und plump, schlecht gebaut, hartnäckig, kurzhalsig, mit aufgeworfener Nase, schwarz von Haut, glasäugig und rot unterlaufen, aller Wildheit und Starrsinnigkeit freund, rau um die Ohren, taub, der Peitsche und dem Stachel kaum gehorchend.

Bei Vergleich des orphischen Gespanns mit dem des Platon fällt auf, dass beim letzteren ein erhebliches Ungleichgewicht in der Kräfteverteilung vorhanden ist. Hier ziehen nicht zwei gleichrangige Kräfte den Wagen. Das schwarze Pferd weist Attribute auf, die von ganz erheblicher Minderwertigkeit zeugen. Platon scheut selbst davor nicht zurück, es mit der Peitsche und dem Stachel zu traktieren. Es muss nicht seine freiwillige Mitwirkung gewonnen werden, nur mit äußerster Gewalt scheint es dazu gebracht werden zu können, sich vorwärts zu bewegen. Es stellt sich natürlich die Frage, wie Platon mit dieser geschundenen Kreatur überhaupt einen Start machen will, bedarf es doch der größten gemeinsamen Anstrengung beider Rosse und der Geschicklichkeit des Wagenlenkers, um das Ziel zu erreichen, Unterdrückung und Gewalt gegen die emotionale Natur anwenden zu wollen, führt mit Sicherheit nicht zu dem von Platon angestrebten Erfolg.

In den Gesetzen 897 c-d sind weitere Hinweise auf Platons dualistische Weltsicht zu finden:

„Denn die Entstehung und der Bestand dieses Weltalls ist aus zwei entgegengesetzten, einander aber nicht gleichstarken Kräften gemischt, denn die bessere hat die Übermacht; doch sei es unmöglich, dass die böse völlig vernichtet werde, da sie in Fülle mit dem Körper, in Fülle auch mit der Seele des Weltalls verwachsen sei und mit der besseren einen ständig harten Kampf

führe. In der Seele nur sind **Vernunft und Verstand** *als Führer und Herrn alles besten selbst, in der Erde, in den Lüften, Wassern, im Himmel und in den Sternen das Geordnete, Feststehende und in den Jahreszeiten, Mischungen und Umläufe das Gesunde.*

Dagegen sei das Schlechte, das eine tolle und ungeordnete Bahn beschreibe, das **Leidenschaftliche, Unvernünftige und Unsinnige** *der Seele und im Körperhaften das Vergängliche, Krankhafte, außerdem Misswuchs, Unwetter und Verdunkelungen der Sonne und Mondfinsternisse und Anstürme.*

Hier wird es ganz deutlich, dass Platon nicht mehr von einem reinen polaren Prinzip ausgeht. Der Apollinische Verstand und die Vernunft sind ausschließlich die Führer, denen allerdings ohne die Triebkraft der Leidenschaft bald der „Antrieb" ausgehen dürfte. Die würde Platon am liebsten sogar ganz vernichten, wenn es irgendwie möglich wäre. Das schlechte, böse, leidenschaftliche könnte für das dionysische stehen.

Platon scheint aber insofern für Nietzsche eine sehr wichtige Instanz zu sein weil es ihm durch Ihn möglich ist, sich von ihm abzusetzen.

Nach Dieter Jähnig [2] habe Platon die Philosophie begründet, indem er die Kunst - die bildende Kunst und die Dichtung - aus ihrem bis dahin maßgebenden Ort verwies. Das sei in einer Art und Weise geschehen, dass er den Künsten, logisch und moralisch , den Maßstab der Wahrheit vorgehalten habe und sie als Unwahrheit, als Täuschung entlarvte.

Im Gegenzug habe Nietzsche das Ende der von Platon begründeten Metaphysik proklamiert, indem er erklärt habe: „Die Kunst ist mehr wert als die Wahrheit (III 693;578, Der Wille zur Macht n . 853 IV) Die Wahrheit sei demnach für Nietzsche nicht

---

2

mehr der fraglos immer schon vorgegebene Maßstab aller Urteile, sie werde selber etwas zu Messendes, etwas zu Rechtfertigendes. Zum Maßgebenden wird bei Nietzsche das Leben.

Indem Nietzsche mit seiner Infragestellung der Wahrheit die Diskriminierung der Kunst von Platon bis Hegel und im Anschluss daran durch die Industriegesellschaft in Frage stelle und das Leben zum Maßstab deklariere, mache er die Erkenntnis der Kunst zu einer an ihrem eigenen Horizont orientierten Beurteilung frei.

Historischer Wendepunkt in Griechenland, der auf unser Zeitalter verweise, sei die klassische Zeit der griechischen Kunst gewesen, die dann, vor und nach den Perserkriegen umschlage in die klassische Zeit der griechischen Philosophie, die zugleich die Zeit des Übergangs von der Polis -struktur zum hellenischen Weltreich war und damit zur Vorbereitung des christlichen und des modernen Europa geworden sei. Im systematischen wie im historischen Sinne sehe Nietzsche in der griechischen Kunst den Präzedenzfall einer Konfrontation mit der Gegenwart.

Djuric[1] bemerkt dazu, dass sich Nietzsche besonders der ausdrücklichen Verurteilung der Kunst durch Platon entgegengesetzt habe (GM III 25: KGW V12, S. 420) , von der er gemeint habe, sie sei die schärfste und radikalste Verurteilung der Kunst, die bis jetzt jemals ausgesprochen worden sei. Das Verhältnis von Kunst und Philosophie sei im Grunde unverändert geblieben bis zum Zusammenbruch des deutschen Idealismus und dem Untergange der philosophischen Ästhetik in der Mitte des vergangenen Jahrhunderts. In der gesamten Tradition habe die Philosophie von oben herab auf die Kunst geblickt, da sie sich das Recht angemaßt habe, dieser Autorität vorzuschreiben, was sie sein sollte und könne.

---

[1] Nietzsche und die Metaphysik , de Gruyter 1985

Dieses Verhältnis zwischen Kunst und Philosophie, das so lange fast unantastbar gegolten habe, habe Nietzsche von Grund aus umgekehrt. Er habe die Kunst von ihrer Abhängigkeit von der Philosophie befreit. Die Kunst sei mehr wert als die Wahrheit, schreib Nietzsche in einem seiner Kommentare über die Geburt der Tragödie, nachdem er vorher festgestellt habe, dass der Wille zum Schein, zur Illusion, zur Täuschung, zum Werden und Wechseln tiefer und metaphysischer ist, als der Wille zur Wahrheit, zur Wirklichkeit, zum Sein sei.

Die griechische Tragödie

Dieter Jähnig weist auf **Wolfgang Schadewald**[2] hin, der in einem Aufsatz ein Strukturschema zur Entstehung der griechischen Tragödie entworfen hat. Er unterscheidet zwei selbstständige Herkunftslinien: bei der Urtragödie den Chor auf der einen Seite, der erste Hypokrites (der Antworter) auf der anderen Seite. Bei Aischylos sei auf der einen Seite zum Chor das Satyrspiel hinzugetreten, auf der anderen Seite der zweite Hypokrites, womit es erst Schauspieler gegeben habe.

Die Herkunftslinie des Chors und des Satyrspiels verweise auf den Ursprungskreis „Dionysos-Kult" zu dem der Ur-Dithyrambos, Musik, Aulos, Maske gehöre, die zweite dagegen auf die des Sprechers und der Schauspieler aus dem Bereich der Heldensage, konkretisiert durch die Namen Epos, Homer, Logos, Kithara.

Schadewald erklärt zu dieser Aufstellung, dass die Tragödie gewiss nicht aus dem Gegensatz des Dionysischen und Apollinischen entstanden sei, wie Friedrich Nietzsche behauptet habe. Doch seien es allerdings zwei getrennte Bereiche, von denen sich die Tragödie herleite, einmal der Dionysoskult und auf der anderen Seite die Heldensage, wie sie im Epos dichterisch geformt und insbesondere von Homer vollendet worden seien.

Die Grundzüge des dionysischen Dithyrambus seien : Der Gesang eines Chors, begleitet von der erregenden Aulos-Musik, elementare Emotion, die bis zum Exstatischen ginge und Verwandlung der Spieler durch die Maske.

Dem stünde auf der anderen Seite das von einem Rhapsoden rezitierte Epos gegenüber, begleitet und akzentuiert von der alten, noch drei oder vierseitigen Leier, nicht emotionaler Gesang, sondern klar darstellende Rede.

---

[2] Wege zu Aischylos 1974

Die attische Tragödie umfasse demnach zwei verschiedene Wurzeln, den homerischen Mythos und Chöre und Tänze älterer Dionysos-Kulte.

In Nietzsches Geburt der Tragödie sei zwar nur mit einer einseitigen Akzentuierung des Wortes Musik das eine der beiden Herkunftselemente, der dionysische Dithyrambus angesprochen. Doch das könne nicht die deutliche Aussage des Buches im Ganzen beeinträchtigen, die das Duplizitätsgefüge der Tragödie hervorhebe als dionysische Lyrik des Chores und die epische Gestaltung der Szene. Die irreführende Verabsolutierung des einen der beiden Prinzipien erkläre sich daraus, dass das dionysisch-musikalische Element innerhalb von Nietzsches Duplizitätsgedanken den neuartigen Faktor gegenüber den traditionellen Tragödientheorien darstelle, die als Tragödie von vornherein nur den Text im Auge gehabt hätten. Vom Inhalt her verstanden bedeute der Titel daher nicht, dass Nietzsche die üblichen Deutungen lediglich umgekehrt habe und statt des Apollinischen das Dionysische setze, sondern dass er den gesamten einspurigen vergegenständlichenden Ansatz verlasse, an Stelle eines Elements (des Textes) den Anspruch an den Hörer treten lasse, der in dem Zusammenspiel zweier, von sich aus grundlegend verschiedener Elemente beschlossen läge.

In der „Fröhlichen Wissenschaft" [1] beschreibt Nietzsche selbst sehr präzise, worin er den Sinn der antiken Zeremonien in der griechischen Tragödie sieht:

„Man hatte in jenen alten Zeiten, welche die Poesie ins Dasein riefen, noch die Nützlichkeit dabei im Auge......damals, als man den Rhythmus in die Rede dringen ließ, jene Gewalt, die alle Atome des Satzes neu ordnet.....freilich eine abergläubische

---

[1] Vom Ursrunge der Poesie

Nützlichkeit ! Es sollte vermöge des Rhythmus den Göttern ein menschliches Anliegen tiefer eingeprägt werden......das rhythmisierte Gebet schien den Göttern näher ans Ohr zu kommen. Vor allem wollte man den Nutzen von jener elementaren Überwältigung haben, welche der Mensch beim Hören der Musik erfährt : der Rhythmus ist ein Zwang, er erzeugt eine unüberwindliche Lust, nachzugeben, mit einzustimmen; nicht nur der Schritte der Füße, auch die Seele selber gehe dem Takte nach - wahrscheinlich - so schloß man, auch die Seele der Götter. Man versuchte sie also durch den Rhythmus zu zwingen und eine Gewalt über sie auszuüben; man warf ihnen die Poesie wie eine magische Schlinge um....Bei den Pythagoräern erscheint diese Art der Poesie als philosophische Lehre und als Kunstgriff der Erziehung: Man gestand der Musik die Kraft zu, die Affekte zu entladen, die Seele zu reinigen.....und zwar gerade durch das Rhythmische in der Musik. Wenn die richtige Spannung und Harmonie der Seele verlorengegangen war, musste man tanzen, in dem Takte des Sängers - das war das Rezept dieser Heilkunst. Mir ihr stillte Terpander einen Aufruhr, besänftigte Empedokles einen Rasenden, reinigte Damon einen liebessiechen Jüngling; mit ihr nahm man auch die wildgewordenen rachsüchtigen Götter in Kur. Zuerst damit, dass man den Taumel und die Ausgelassenheit ihrer Affekte aufs Höchste trieb, also den Rasenden toll, den rachsüchtigen rachetrunken machte - alle orgiastischen Kulte wollten die ferocia einer Gottheit auf einmal entladen und zur Orgie machen, damit sie sich hinterher freier und ruhiger fühle und den Menschen in Ruhe lasse. Melos bedeutet seiner Wurzel nach ein Besänftigungsmittel, nicht weil es selber sanft ist, sondern weil seine Nachwirkung sanft macht.

...Im ganzen gesehen und gefragt: gab es für die abergläubische Art des Menschen überhaupt etwas Nützlicheres als den Rhythmus ? Man konnte mit ihm alles : eine Arbeit magisch fördern, einen Gott nötigen, zu erscheinen, nahe zu sein, zuzuhören, , die Zukunft sich nach seinem Willen zurechtmachen; die eigene Seele von irgendeinem Übermaße entladen und nicht nur die eigene Seele, sondern die des bösesten Dämons - ohne den Vers war man nichts, durch den Vers wurde man beinahe ein Gott. „

Dieter Jähnig schreibt dazu, dass Nietzsche behaupte, die Tragödie sei aus dem Chor (dem dionysischen Bocksgesang) entstanden, dass das andere Element, die dialogische Handlung, die Welt der Bühne, eine Vision dieses Satyrchors sei. Der Chor sei also nicht etwa Zuschauer, sondern   „der Schauder der Visionswelt der Szene".

So verstanden sei das dramatische Phänomen nur eine besondere Ausprägung der künstlerischen Entstehung von Bildern und Gestalten überhaupt. Nietzsche nenne das die „künstlerische Urerscheinung" (I 51;85) Und dafür rufe er Homer als Zeugen an: Der Dichter sei in Wahrheit nicht Erfinder seiner Gestalten- indem er etwa Begriffe in Bilder umsetzte - er sehe vielmehr seine Gestalten, er sei „nur dadurch Dichter, dass er von Gestalten sich umringt sieht, die vor ihm leben und handeln. Er beziehe sich dabei auf eine Äußerung Schillers, die dieser in einem Brief an Goethe vom 18.3.1776 gemacht habe: „ Eine musikalische Grundstimmung steht am Anfang und als deren Folge erst stellt sich die poetische Idee. der bestimmte und bekannte Gegenstand ein."

Dieses ästhetische Urphänomen, die künstlerische Urerscheinung werde nach Nietzsche nun zum dramatischen Urphänomen, wo einer ganzen Masse diese künstlerische Begabung zur Vision von Gestalten mitgeteilt werde. (I 52;86 f)

Diese Fähigkeit, die in ihren Resultaten ebenso apollinisch sei, wie die des epischen Dichters, könne selber dionysisch heißen, weil sie in einer vom Rhythmus der Musik und des Tanzes bewirkten Erregung und als Macht der Gruppe erscheinende Verwandlung bestehe. Nachdem Nietzsche das dramatische Urphänomen aus einer künstlerischen Erscheinung abgeleitet habe, leite er von jenem die bekannte Tragödie, also das Gebilde vom Dialog, Chor und Zuschauern ab. Und das nenne er im Unterschied zum dramatischen Urphänomen „Drama im engeren Sinne" (I 54; 89) Den Elementen der Tragödie gegenüber sei Nietzsches These, dass der Chor, das dritte konstitutive Element insofern den Grundzug der Tragödie ausmache, als er das für die Tragödie eigentümliche Verhältnis zwischen den beiden Seiten, dem Bühnengeschehen und dem Zuschauer ermögliche. Der Kern von Nietzsches Bestimmung des Dramas im engeren Sinne sei noch nicht seine problematische Interpretation der tragischen Gestalten, sondern das überzeugende Moment der Realisierung. Der Gott (die mythische Gestalt) würde als ein realer gezeigt (I 54; 89) , das besage, er werde als handelnder oder leidender gegenwärtig. Dionysisch sei die Tragödie nicht aufgrund ihrer Stoffe, sondern ihrer Darstellungsweise. Das Dionysische der Tragödie beruhe in ihrem Aufführungscharakter, dass hieße darin, dass der Mythos realisiert würde, dass etwas Ungeheuerliches nicht erzählt würde, sondern sich ereigne.

Nach **M. Djuric**[1] gäbe es hinsichtlich den Ursprung und das Wesen der griechischen Tragödie noch so manches, das zum besseren Verständnis der ursprünglichen Auffassung des Dionysischen behilflich sein könnte. Entgegen den herrschenden ästhetischen Anschauungen seiner Zeit, nach denen das Apollinische als ideale Kunstform gegolten habe, habe Nietzsche die dionysische Wurzel der griechischen Tragödie entdeckt. Er habe gezeigt, dass sie vor allem und in erster Linie ein künstlerischer Ersatz für die alten religiösen mythisch-orgiastischen Riten gewesen sei. Seiner Meinung nach sei die

---

[1] Nietzsche und die Metapysik, Seite 232 - de Gruyter-Verlag

Tragödie aus den dionysischen Dithyramben entstanden, eigentlich aus den tragischen Chorliedern, die zu Ehren des Gottes Dionysos gesungen wurden. Darin lebte also und würde weiter erhalten die religiöse Idee der Welterlösung durch Schmerz und Leiden. Unter allen Elementen, welche die Tragödie ausmachen, sei der Chor das älteste, er bilde ihren ursprünglichen Kern. Hinzu seien später erst das Szenen-Element der Handlung gekommen , d.h. der Dialog, in dem die Handlung sich entwickelt habe. Durch dieses Hinzutreten des dramatischen Charakters, durch die Einführung der „Bühne" als des Ortes des tragischen Geschehens, habe der Chor seine führende Rolle nicht verloren, er sei lediglich durch die Welt des Bildes entlastet worden. Aber obwohl Nietzsches stets von neuem wiederholt habe, dass das dionysische Element der Musik der älteste und wichtigste Bestandteil der Tragödie sei, habe er dennoch nicht bestritten, dass erst durch die Einführung des apollinischen Elements des Bildes der Prozess der „ Objectivation" der Tragödie als einer Kunstform tatsächlich vollendet wurde. Er habe gemeint, dass den höchsten künstlerischen Ausdruck nur ein Dithyrambus hervorrufen könne, der episch zergliedert und geformt sei, der eine klare und harmonische Form erhalten habe und der in konkreten Vorstellungen zum Vorschein gekommen sei. Allerdings, stellt Djuric fest, stamme Nietzsches These nicht in jeder Hinsicht von ihm selber. Anregungen zu deren Formulierungen habe Nietzsche nicht nur von seinem Lehrer Jacob Bernays bekommen, der schon richtig die Zusammengehörigkeit von Musik von Text in der griechischen Tragödie gesehen habe, sondern vielleicht noch mehr vom Grafen Paul York von Wartenburg, dem späteren Freund und Kritiker von Wilhelm Diltey, der sich zur Aufgabe gemacht habe, am Beispiel der letzten Tragödie von Sophokles zu zeigen, dass die Entstehung der Tragödie aus den dionysischen Mysterien die gesamte später Entwicklung der Tragödie entschieden beeinflusst habe.

In einer Fußnote auf Seite 227 bemerkt Djuric dazu weiter, , dass schon Jakob Burghard in seinen Basler Vorlesungen über die griechische Kultur, die Nietzsche z.T. gehört habe, den Gegensatz zwischen dem Apollinischen und dem Dionysischen behandelt habe. Das habe Heidegger behauptet (a.a.O.S. 123). Als einen weiteren Vorgänger Nietzsches erwähnt Heidegger nur noch Hölderlin, von dem er sagt, er habe diesen Gegensatz in einer noch tieferen und edleren Weise gesehen und begriffen.

Dasjenige, was Nietzsche besonders an der griechischen Tragödie angezogen habe, und weshalb er sie allen anderen Kunstgattungen vorzog, das sei ihr vornehmlicher Aufführungs-Charakter, ihre Eigenschaft als Bühnenspiel. Darin habe er die evidente Bestätigung ihrer dionysischen Herkunft, ihre unzweifelhafte Verbindung mit den dionysischen Festen erblickt. Nietzsche habe festgestellt, dass die Leiden des Dionysos der einzige Gegenstand der griechischen Tragödie waren und Dionysos der einzige tragische Held. Dies habe nicht nur für die ältesten Vorstufen der Tragödie gegolten, als sie lediglich aus dem Chor bestand, sondern auch für ihre spätere entwickelten Formen, als der dramatische Faktor hinzugefügt worden sei. Die Wandlung habe sich erst bei Euripedes vollzogen, der dem Dialog den Vorrang vor die Musik eingeräumt habe, indem er den gewaltigen dramatischen Rhythmus und die rätselhafte Tiefe der alten Tragödien durch das logische Argument und die Rhetorik ersetzt habe. Gerade deswegen, weil sie vorzüglich einen Aufführungscharakter habe, kenne die Tragödie keine Einteilung in Künstler, Werk und Publikum, sondern bewahre die Einheit der Kunst-Faktoren. An deren Realisierung nehme die ganze Zuschauerschaft teil, alle Anwesenden seien Zeugen eines unerhörten Ereignisses. Es habe kein, von vorneherein fertiggestelltes Kunstwerk gegeben, das einfach dem Publikum vorgeführt werden konnte und deshalb habe es auch keine strenge Grenze zwischen Künstler und Zuschauer gegeben. Die Kunst sei einfach so geschehen, dass die Menschen zusammen singen und tanzen.

Nietzsche sei fest davon überzeugt gewesen, dass die griechische Tragödie nur als höchste Kunst erfahren werden könne, wenn man sie als Bühnenstück und nicht einfach nur als Lektüre auffasse. Die griechische Tragödie kenne überhaupt keine Scheidung zwischen Publikum und Darsteller. Die Einheit sei durch den Chor gesichert worden. Dieser habe sich nicht nur in der Orchestra (d.h. der Bühne), sondern die ganze Zuschauerschaft habe den Chor gebildet. Nietzsche sagt dazu : „ Das Publikum der attischen Tragödie fand sich selbst in dem Chore der Orchestra wieder, eigentlich war das ganze Theater nur ein großer erhabener Chor von tanzenden und singenden Satyrn oder von solchen, welche sich durch diese repräsentieren lassen. [1] „

Aber noch mehr, als wegen ihres Aufführungscharakters habe Nietzsche die Tragödie wegen ihrer Lebenskraft geschätzt, weil sie sich ausdrücklich bejahend zum Leben verhalten habe, weil sie das Leben im ganzen akzeptiere, mit seiner Mühsal, Plage und all seinen Schrecken. Es schien ihm, als ob keine andere Gattung der griechischen Kunst die widersprüchliche Natur des Lebens so drastisch an licht gebracht, dass keine so überzeugend gezeigt habe, dass Unheil, Unglück und Leiden nicht nur unumgängliche Bestandteile des Lebens seien, sondern auch die tiefste Quelle seiner schöpferischen Kraft.

---

[1] Geburt der Tragödie, Seite 55

Schillers und Nietzsches Ästhetik im Vergleich

In Nietzsches ästhetischem Grundkonzept, das er erstmalig in der „Geburt der Tragödie" aufzeigt, sind einige starke Parallelen zu der Ästhetik Schillers vorhanden. Aus einem Brief von Nietzsche vom 28.9.1869, also vor der Veröffentlichung seiner Schrift, äußert er sich sinngemäß, dass für ihn Schopenhauer, Schiller und Wagner die „wahrhaft großen Männer" seien.

Schiller hat wie Nietzsche in seiner Ästhetik die Tendenz, der Kunst die vermittelnde und erlösende Rolle zuzuschreiben. Beide gehen von zwei natürlichen Grundtrieben aus, die zunächst unvereinbar erscheinen. Die Vermittlung geschieht bei Schiller durch den Spieltrieb, während Nietzsche das Ideal dieser Beziehung in der griechische Tragödie verwirklicht sieht. Beide schätzen die Bedeutung des antiken Griechentums ähnlich ein, wobei Nietzsches Auffassung hier tiefer greift, denn er berücksichtigt in Gegensatz zu Schiller auch das Hintergründige und Abgründige menschlicher Natur.

Schiller schreibt in seinem ersten Brief, dass wie der Scheidekünstler, so auch der Philosoph nur durch Auflösung die Verbindung und nur durch die Mutter der Kunst das Werk der freiwilligen Natur finde. Um die flüchtige Erscheinung zu haschen, müsse er sie in die Fesseln der Regel schlagen, ihren schönen Körper in Begriffe zerfleischen und in einem dürftigen Wortgerippe ihren lebendigen Geist aufbewahren. Sei es ein Wunder, wenn sich das natürliche Gefühl in einem solchen Abbild nicht wieder finde und die Wahrheit in dem Berichte des Analysten als ein Paradoxon erscheine ?

Im zweiten Brief schreibt er , dass der Nutzen das große Ideal der Zeit sei , dem alle Kräfte frönen und alle Talente huldigen würden.

Auf dieser groben Waage hätte das geistige Verdienst der Kunst kein Gewicht und aller Aufmunterung beraubt, verschwinde sie von dem lärmenden Markt des Jahrhunderts..

Selbst der philosophische Untersuchungsgeist entreiße der Einbildungskraft eine Provinz nach der anderen und die Grenzen der Kunst verengten sich, je mehr die Wissenschaft ihre Schranken erweitere.

Im dritten Brief heißt es, dass wenn der Staat die Existenz der Gesellschaft an ein bloß möglich Ideal von Gesellschaft knüpfe, er dem Menschen etwas nehmen würde, was er wirklich besitze und ohne den er wirklich nichts besitzen würde....**und sollten sie ihm auch selbst die -Mittel der Tierheit entrissen haben, die doch die Bedingung seiner Menschheit sei, so hätten sie ihm, ohne dass er Zeit gehabt habe, sich mit seinem Willen an dem Gesetz fest zu halten, unter seinem Füßen die Leiter der Natur weggezogen.**

Im vierten Brief heißt es weiter, **dass Einheit zwar die Vernunft fordere, aber Mannigfaltigkeit die Natur** und von beiden Faktoren würde der Mensch in Anspruch genommen werden. Dem Gesetz des ersteren sei ihm durch ein unbestechliches Bewusstsein, das Gesetz des anderen durch ein unvertilgbares Gefühl eingeprägt.

Im fünften Brief schreibt er, wir würden die Natur in ihrem rechtmäßigen Felde verleugnen, um auf dem Moralischen ihre Tyrannei zu erfahren....Nur in der völligen Abschwörung der Empfindsamkeit glaubt man gegen die Verirrungen der Natur Schutz zu finden und der Spott, der den Schwärmer oft heilsam züchtige, lästere mit gleich wenig Schonung gegen das edelste Gefühl.

Auch die Bedeutung der antiken griechischen Kultur schätzt Schiller ähnlich ein, wie Nietzsche, wenn er in seinem sechsten Brief schreibt., dass die Griechen uns beschämen würden, nicht nur durch ihre Simplizität die unserem Zeitalter fremd sei, sie seien auch oft unsere Muster in den Vorzügen, mit denen wir uns über die Naturwidrigkeit unserer Sitten zu trösten pflegten. Dieses Kultur sei zugleich voll **Form und voll Fülle, zugleich philosophierend und bildend, zugleich zart und energisch gewesen**. Damals, bei jenem Erwachen der Geisteskräfte hätten die Sinne und der Geist noch kein streng geschiedenes Eigentum. So hoch die Vernunft auch gestiegen sei, so habe sie doch immer die Materie liebend nachgezogen, so fein und scharf sie auch getrennt habe, sie habe sie nie verstümmelt.

Im zehnten Brief findet sich eine Textstelle, die eine völlig identische Bewertung mit dem Standpunkt Nietzsches verrät. Schiller schreibt hier, dass als unter dem Perikles und Alexander das goldene Zeitalter der Künste herbeigekommen sei, und als die Herrschaft des Geschmacks sich allgemeiner verbreitet hätte, fände man Griechenlands Kraft und Freiheit nicht mehr, die Beredsamkeit habe die Wahrheit verfälscht **und die Weisheit beleidigte in dem Mund eines Sokrates.**

Im siebten Brief heißt es, dass uns die Natur in ihrer physischen Schöpfung den Weg vorzeichne, den man in der moralischen zu wandeln habe.

Im achten Brief schreibt er weiter, dass die Vernunft geleistet habe, was sie leisten könne, wenn sie das Gesetz finde und aufstelle**, vollstrecken müsse es der mutige Wille und das lebendige Gefühl ......denn Triebe seien die einzigen bewegenden Kräfte in der empfindenden Welt**. Die Vernunft habe sich von den Täuschungen der Sinne und von einer betrüglichen Sophistik gereinigt und **die Philosophie selbst, welche uns zuerst von ihr abtrünnig machte, rufe uns laut und**

dringend in den Schoß der Natur zurück, woran liege es, dass wir immer noch Barbaren seien. Weiter schreibt Schiller im letzten Absatz, dass der Weg zu dem Kopf durch das Herz geöffnet werden müsse. Ausbildung des Empfindungsvermögens sei das dringende Bedürfnis der Zeit.

Im zwölften Brief geht Schiller auf die beiden entgegengesetzte Triebe ein, die er als **Stofftrieb** und als **Formtrieb** bezeichnet. Beide , als Triebe bezeichnete Tendenzen weisen starke Ähnlichkeit mit Nietzsches dionysischer und apollinischer Setzung auf.

Schillers Stofftrieb, analog dem „Dionysischen" bezeichnet das Sinnliche, geht von dem physischen Sein des Menschen oder seiner sinnlichen Natur aus. Wo dieser Trieb ausschließend wirke, sei notwendig die größte Begrenzung vorhanden; der Mensch sei in diesem Zustand nichts als eine Größeneinheit, ein erfüllter Moment der Zeit - oder vielmehr, er sei nicht, denn seine Persönlichkeit sei so lange aufgehoben, als ihn die Empfindung beherrsche und die Zeit ihn mit sich fortreiße.

Die Sprache habe für diesen Zustand der Selbstlosigkeit unter der Herrschaft der Empfindung den sehr treffenden Ausdruck: „**außer sich sein**" gesetzt, dass hieße, außer seinem Ich sein, solange er empfinde. Von diesem Zustand zur Besonnenheit zurückfinden, nenne man eben so richtig „ **in sich gehen**", dass hieße, in sein Ich zurückzukehren.

Soweit der Mensch endlich sei, erstrecke sich das Gebiet dieses Triebs und da alle Form nur an der Materie, alles Absolute nur durch das Medium der Schranken erscheine, so sei es der sinnliche Trieb, an dem zuletzt die ganze Erscheinung der Menschheit befestigt sei. Aber obwohl er allein die Anlagen der Menschheit wecke und entfalte, so sei er es auch allein, der ihre Entfaltung unmöglich mache. Mit unzerreißbaren Banden fessele er den höher strebenden Geist an die Sinnenwelt und von ihrer freiesten

Wanderung ins Unendliche rufe er die Abstraktion in die Grenzen der Gegenwart zurück. Der Gedanke zwar dürfe ihm augenblicklich entfliehen und ein fester Wille setze sich seinen Forderungen siegreich entgegen; aber bald trete die unterdrückte Natur wieder in ihre Rechte zurück, um auf Realität des Daseins, auf einen Inhalt unserer Erkenntnisse und auf einen Zweck unseres Handelns zu dringen.

Den zweiten Trieb, analog dem „Apollinischen" nennt Schiller den **Formtrieb.** Der geht nach Schiller aus dem absoluten Dasein des Menschen oder von seiner vernünftigen Natur aus und ist bestrebt, ihn in Freiheit zu setzen, Harmonie in die Verschiedenheit seines Daseins zu bringen und bei allem Wechsel des Zustands seine Person zu behaupten. Da nun die letztere als absolute und unteilbare Einheit mit sich selbst nie in Widerspruch sein könne, da wie in alle Ewigkeit wir seien, so könne derjenige Trieb, der auf Behauptung der Persönlichkeit dringe, nie etwas fordern, was er nicht in alle Ewigkeiten fordern müsste, er entscheidet sich also für immer, wie er jetzt entscheide und gebietet für jetzt, was er für immer gebiete.. Er umschließe daher die ganze Folge der Zeit, das sei so viel als : er hebt die Zeit, er hebe die Veränderung auf, er will, dass das Wirkliche notwendig und ewig und dass das Ewige und Notwendige wirklich sei, mit anderen Worten, er dringe auf Wahrheit und auf Recht.

Im dreizehnten Brief sagt Schiller dass nichts einander mehr entgegengesetzt scheine, als die Tendenzen dieser beiden Triebe, indem der eine auf Veränderung, der andere auf Unveränderlichkeit dringe. Und doch seien es diese beiden Triebe, die den Begriff der Menschheit erschöpften.

Ihr Geschäft sei doppelt, erstlich: die **Sinnlichkeit** gegen die Eingriffe der Freiheit zu verwahren, zweitens, die **Persönlichkeit** gegen die Macht der Empfindungen sicher zu stellen.. Jenes erreiche sie durch Ausbildung des Gefühlsvermögens, jenes durch Ausbildung des Vernunftvermögens.

Im vierzehnten Brief schreibt Schiller, dass der sinnliche Trieb wolle, dass Veränderung sei, dass die Zeit einen Inhalt habe, der Formtrieb wolle, dass die Zeit aufgehoben, dass keine Veränderung sei. Derjenige Trieb, in welchem beide verbunden wirkten sei der Spieltrieb, er würde darin gerichtet sein, die Zeit in der Zeit aufzuheben, Werden mit absoluten Sein, Veränderung mit Identität zu vereinbaren.

In seinem fünfzehnten Brief schreibt Schiller:
..."der Gegenstand des **sinnlichen Triebes** in einem allgemeinen Begriff ausgedrückt, heißt **Leben** in weitester Bedeutung; ein Begriff, der alles materiale Sein und alle unmittelbare Gegenwart in den Sinnen bedeutet."

Bei Schiller bleibt es allerdings ziemlich unklar, wie dieser vermittelnde Spieltrieb hergestellt werden könnte, es gibt allerdings einige Textstellen, aus denen hervorgeht, dass es der Genuss echter Schönheit sei, der den übergreifenden Zustand hervorrufe.

Schiller möchte aber in seinem 23. Brief das sinnliche Wesen zu einem vernünftigen machen, indem er es zuvor ästhetisch macht. „Man müsse die Natur des sinnlichen Menschen verändern, man müsse das sinnliche physische Leben der Form unterwerfen....er müsse noch innerhalb seiner sinnlichen Schranken seine Vernunftfreiheit beginnen...Schon seinen Neigungen muss er das Gesetz seines Willens auflegen".
Schiller scheint hier allerdings seinen anfänglichen Ausführungen zu widersprechen, wenn er am Ende doch versucht, dem sinnlichen

Trieb (oder dem Leben) über die Ästhetik mit der Vernunft beizukommen.

Ziemlich deutlich äußert sich dazu Wolfgang Welsch[1] wenn er schreibt, dass Schiller ein rigoroser Exekutor des **ästhetischen Imperativs** sei. Der primärsinnliche und der höhersinnliche sollen nicht neben oder übereinander stehen, sondern der erste solle zugunsten des zweiten völlig beseitigt werden.

Weiter bemerkt Welsch dazu , dass die Ästhetiker des 18. Jahrhunderts zunächst den Standardforderungen der etablierten Kultur entsprochen hätten. In diesem Sinne habe Baumgarten, der Gründungsvater der Ästhetik, auf den Einwand, seine Ästhetik laufe auf eine Stärkung der Sinnlichkeit hinaus, während es diese doch von Rechts wegen zu bekämpfen gelte, mit der Versicherung, die Ästhetik werde uns zur erwünschten Herrschaft über die Sinne verhelfen. Noch stärker habe sich Baumgartens Schüler Meier dem kulturell etablierten Gebot einer Beherrschung der Sinnlichkeit angepasst. Er habe gefordert, dass man sich „bei der ganzen Ausbesserung der unteren Begehrungskraft wohl in Acht nehmen müsse, dass sie nicht gar zu stark werde. Sonst fielen wir in den viehischen Zustand und in die moralische Sklaverei." Meier habe die sinnlichen Erkenntniskräfte - die doch eigentlich das Thema der Ästhetik seien - als den „ Pöbel der Seele" bezeichnet und er fordert „Die Sinne müssen, von Rechts wegen, Sklaven der Vernunft sein".

Nach Ansicht von Wolfgang Welsch bilde auch für Schiller die Ausmerzung des Primärsinnlichen die Grundaufgabe ästhetischer Erziehung, er habe ein Grundaxiom der traditionellen Ästhetik auf den Begriff gebracht.

---

[1] Grenzgänge der Ästhetik

Dennoch scheinen es nur sehr feine Gradunterschiede zu sein, die Schillers Ästhetik von Nietzsches Ästhetik trennen. Auch Schiller strebt eine Wechselwirkung zwischen den beiden polaren Grundtrieben an, aber eindeutig unter der Vorherrschaft der Vernunft, während Nietzsche auf das freie Wechselspiel beider Kräfte setzt.

Nach Mihailo Djuric [3] sei unbestreitbar, dass wie auch bei Schiller- die Berufung auf das Spiel als Vorbild der schöpferischen menschlichen Tätigkeit durchaus im Einklang mit der allgemeinen Ausrüstung der Nietzscheschen Philosophie im ganzen stehe, dass sie vollkommen ihrem tiefsten Anliegen entspräche. ....dass Heraklit das Phänomen des Spiels zunächst am menschlichen Spiel erkannt habe und dass er nach dem kosmologischen Vergleich nur deshalb gegriffen habe, weil er das menschliche Spiel als Vorbild der befreiten schöpferischen Bewegung aufgefasst habe. Dies habe schon der junge Nietzsche richtig gesehen, als er seine Auffassung von der griechischen Tragödie mit dem Heraklitischem Bild des spielenden Kindes verbunden habe. „Jenes streben ins Unendliche, der Flügelschlag der Sehnsucht, bei der höchsten Lust an der deutlich percipirten Wirklichkeit erinnern daran, dass wir in den beiden Zuständen ein dionysisches Phänomen zu erkennen haben, dass uns immer von Neuem wieder das spielende Aufbauen und Zertrümmern der Individualwelt als den Ausfluss einer Urlust offenbart, in einer ähnlichen Weise, wie wenn von Heraklit, dem Dunklen die weltbildende Kraft einem Kinde verglichen wird, das spielend Steine hin und her setzt und Sandhaufen aufbaut und wieder einwirft." [3]
Auch hier treffen wir wieder auf deutliche Gemeinsamkeiten zwischen Schillers und Nietzsches Ästhetik : Die zentrale

---

[3] Nietzsche und die Metaphysik, Walter de Gruyter , Berlin, New York

[3] Geburt der Tragödie 24

Bedeutung des „Spieltriebes". Obwohl aber Djurik dem Spieltrieb bei Nietzsche in seinem Buch ein ganzes Kapitel widmet, geht er auf den Bezug zu Schiller leider nur in einer Fußnote ein. Er scheint nicht zu berücksichtigen, dass Nietzsche u.a. auch auf Schillers Vorstellungen aufgebaut haben könnte.

Auf Seite 170 bemerkt er dazu, dass ein Kluft Nietzsche von Schiller und Fourier trenne, seine berühmten Vorgänger, **deren Aufmerksamkeit das Motiv des Spiels bedeutend früher angezogen habe.**

Zum Unterschied von diesen beiden Schriftstellern, die auffallend aufklärerisch veranlagt gewesen seien, insofern sie den Menschen durch das Spiel befreien wollten und die Kunst in den Dienst der Politik gestellt hätten, insofern sie geglaubt hätten, die brennenden Fragen der Zeit könnten zuallererst mittelst der Ästhetik gelöst werden, habe Nietzsche streng existenzial -ontologisch gedacht. Seine Wendung zum Spiel sei kein idealistischer oder utopischer Protest gegen die Entfremdung, gegen die gesellschaftlichen Verhältnisse, in denen der Mensch unter dem Zwang der Arbeit lebe, sie enthalte vielmehr einen nüchternen, wenn auch ganz groben philosophischen Entwurf eines möglichen epochalen Ereignisses.

Dieser Formulierung von Djuric kann nicht so ohne weiteres zugestimmt werden, wenn er versucht das Anliegen von Nietzsche derart eindeutig zu fixieren. Da Nietzsche eher dynamisch denkt, treffen wir bei ihm auf ein „Sowohl - als auch „ Wir finden deutliche Proteste gegen gesellschaftliche Verhältnisse, wir finden aber auch die beschriebenen philosophischen Entwürfe. Gerade die Tatsache, dass er sich grenzüberschreitend nicht nur mit philosophischen Entwürfen beschäftigt, sondern auch alle übrigen Disziplinen unter dem Aspekt des Lebens hinterfragt, lässt seine Werke als bahnbrechend erscheinen.

Schiller hat seine Ästhetik präzise auf den Begriff gebracht, wahrscheinlich aber musste er aber gerade deshalb zwangsläufig scheitern, denn seit Nietzsche wissen wir, dass Ästhetik sich der rein begrifflichen Bestimmung entzieht, die ja nur von dem Standpunkt der Vernunft aus möglich ist und somit zur Verabsolutierung des Formtriebes, bzw. des Apollinischen Prinzips führen muss. Die erwünschte Wechselwirkung zwischen den beiden Komponenten kann auf diese Weise kaum stattfinden. Insofern besteht bei Schiller ein eklatanter Widerspruch darin, dass er zunächst das freie Wechselspiel beider Triebe fordert, dann aber versucht, die unbequeme sinnliche Komponente mit Hilfe der Ästhetik auszuschalten. Dieser Umstand kann aber wohl kaum die Schlüssigkeit seines Ansatzes schmälern.

Peter Pütz[2] bemerkt dazu, dass auch der späte Nietzsche in seinem Werk Zarathustra in den Kategorien Schillers denke. Ein entscheidender Unterschied bleibe allerdings bestehen: Bei Schiller wird der angestrebte Zustand durch Leistung der Person und individuelle Erziehung, jedenfalls durch mühevolle Vermittlung erreicht - bei Nietzsche sei er plötzlich da- wie in einer Epiphanie. Bei Schiller erschiene er als moralisch-ästhetische Utopie - bei Nietzsche als ein schöner Traum.

Deutlich wird dass Nietzsche den von Schiller abgegrenzten Rahmen um mehrere Dimensionen überschreitet. In seiner Setzung des Apollinischen und des Dionysischen sind nicht nur die rein philologischen Elemente des antiken Griechentums weitaus präziser formuliert als bei Schiller, darüber hinaus werden uns bei Nietzsche zahlreiche, sich teilweise überkreuzende Bedeutungsebenen aufgezeigt, die sowohl in ihrer Verknüpfung,

---

[2] Friedrich Nietzsche, Metzler, Stuttgart 1967

als auch in der Einzelanalyse schlüssig bleiben, während Schiller bei seinem Versuch, eine Ästhetik rein begrifflich zu formulieren, an seinem eigenen Widerspruch letzthin scheitern muss.

Abgesehen von der philologischen und philosophischen Komponente, die ja auch bei Schiller vorhanden ist, gibt es bei Nietzsche durch die Setzung der antiken Kunstgottheiten auch metaphysische Aspekte.

Deutlich wird , dass durch den Begriff des Dionysischen eine pantheistische Gottheit umrissen wird, die sich in der Welt, bzw. der Natur verwirklicht. Da wir selbst in der Welt sind und auch selber Natur sind, könnten wir daher nach dieser Auffassung erwarten, dass sich das Metaphysische in uns durch unsere natürlichen Triebstrukturen artikuliert. Diese Sichtweise ist ein vollkommen legitimer Ansatz, der jedoch in der Vergangenheit den religiösen Glaubensfragen zum Opfer gefallen zu sein scheint. Gerade dieser bocksbeinige Dionysos, der Herr der Welt, wurde in seiner äußeren Erscheinungsform von den Christen übernommen und negativ umgepolt. Er bekam einen neuen Namen, er hieß nun Teufel. Diese Weltsicht hat sich ohne Zweifel auch nachhaltig in der abendländischen Philosophie insofern niedergeschlagen, als alles Sinnliche „verteufelt" wurde.

Das Apollinische sah man außernatürlich und außerzeitlich jenseits dieser Welt, außerhalb der Natur, nach Platon waren die Götter, die nach der Überlieferung im Planetenhimmel ihren Wohnsitz hatten, derart erhaben, dass sie sich um irdische Belange nicht, kümmerten, deshalb mussten zahlreiche Mittelwesen, Dämonen [2] genannt, postuliert werden, die die Verbindung zum Göttliche ermöglichen konnten. Diese Mittelwesen dienten zwar dazu, Verbindungen herzustellen, sie wiesen aber immer auf ein

---

[2] Platon, Kratylos (Kapitel 16)

„Jenseits ". Nach Platon ist sogar unser natürlicher Leib ein Gefängnis, in dem unsere Seelen eingekerkert sind und auf ihre Befreiung hoffen, die sie nur durch Hinaufläuterung [1] zu einem „Jenseits" erreichen können.

Nietzsches und Kants Ästhetik

Djurik schreibt in seinem Werk „Nietzsche und die Metaphysik", dass Nietzsche sich ausdrücklich von seinem Vorgänger auf dem Gebiet der Ästhetik distanziert habe, wenn er im Nachlaß[1] schreibt „Seit Kant ist alles Reden von Kunst, Schönheit, Erkenntnis, Weisheit vermanscht und beschmutzt durch den Begriff „ ohne Interesse „ ....und an anderer Stelle: Deshalb habe ich den Zustand beschrieben, den das Schöne hervorbringt: das wesentliche ist aber vom Künstler auszugehen" .... und in der Genealogie der Moral heißt es: ....Schön ist, hat Kant gesagt, was ohne Interesse gefällt, Ohne Interesse !

Djurik bemerkt dazu, dass aus solchen Textstellen viele Kommentatoren die Schlussfolgerung geschlossen hätten, dass sich Nietzsches Kunstauffassung wesentlich von der Kantischen unterscheide, ihr sogar offen widerspreche.

---

[1] Platon, Theaitetos (Kap. 14 und 14)

[1] N 1882/83, S. 251

Der Bezug zum Leben

Peter Pütz bemerkt , dass neben der enthusiastischen Hochschätzung der Musik und auch der Dichtung , stehe immer der Vorwurf stehe, dass die Künstler Schauspieler sind und dass vor allem die Dichter zuviel lügen. Dieser letzte Vorwurf schlage noch einmal um, wenn die Lüge schließlich als Funktion des Willens zur Macht erklärt und somit positiv bewertet würde. Die Verschiedenheit solcher Urteile übertage sich jeweils auf die Großen der Geistesgeschichte. Autoritäten werden bald gestürzt, bald erhoben, bald hassvoll bestimmt. So geht es Sokrates, Epikur, Schopenhauer, Wagner usw. Manche wandelten sich in ihrem, von Nietzsche anerkannten Wert sogar mehrfach. Die Mehrdeutigkeit, ja Widersprüchlichkeit in seinen Urteilen über Fragen der Philosophie, Kunst und Wissenschaft scheint derart verwirrend zu sein, dass dem Interpreten jeder Faden entgleite, bevor er ihn mit einem anderen verknüpft habe.

Es biete sich eine Möglichkeit an, diese Widersprüchlichkeit zu klären. Was aber sei das einheitlich Ganze ? Worauf werden Phänomene der Kunst, Moral, Philosophie, Wissenschaft usw. bezogen ? Was sei aber das einheitlich Ganze .Die Antwort scheine einfach zu sein: Das Leben sei der Grund .der alles Seiende umgreift und bedingt. Doch die Aussagbarkeit des Wesentlichen werde nun schon durch die Unzugänglichkeit der Sprache vereitelt Jedes Wort ist ein Vorurteil, die Worte lägen uns im Wege. Die sprachlich begriffliche Fixierung eines Sachverhalts erfasst diesen nicht total, sondern verstellt das Ganze, weil sie uns dazu verführt, beim Partikulären beruhigt auszuharren.

Jede Zuordnung von Sinn, d.h. jede Aussage hat nur Geltung, wenn sie auf einen Teilaspekt bezogen wird. Sei nicht notwendig Sinn eben Beziehungs- Sinn und Perspektive? "

Damit sei der Begriff genannt, mit dem sich am ehesten die Methode Nietzsches charakterisieren ließe . Das Bestreben, ein Phänomen zu begreifen ,scheitere und würde zurückgeworden auf relative Einzelaussagen, die als solche jeweils vom anderen her anfechtbar werden. Durch Wechsel des Standpunktes erscheine das Phänomen in stets neuen Abschattungen, die untereinander durchaus im Verhältnis des Widerspruches stehen können. Eine solche perspektivische Betrachtungsweise relativiere zunächst die Einzelurteile, bewahre sie jedoch zugleich vor einseitiger Verfestigung und halte den Blick frei für das intendierende Ganze. Die Monotonie dieses Denkens ist somit die Folge dauernder Wandlungen und stetigen Kreisens um ein einheitliches Ganzes denn "die Natur warf den Schlüssel weg."

Der Perspektivismus der Untersuchungen sei um so bedeutsamer, als Nietzsche ihm im künstlerischen Schaffen eine besondere Bedeutung zumesse. Gerade die Künstler verstünden es, die Dinge so zu betrachten, "dass sie sich teilweise verstellen und nur perspektivische Durchblicke gestatten. Die Erklärer von Dichtern missverstehen, dass der Dichter beide habe, die Realität und die Symbolik. Ebenso den ersten und zweiten Sinn eines und die Symbolik. Ebenso den ersten und zweiten Sinn eines Ganzen. Ebenso Lust an dem Schillernden, zwei und dreideutigen, auch die Kehrseite sei gut."

Das apollinische und dionysische werden als Zustände charakterisiert, in denen die Kunst selbst wie eine Naturgewalt im Menschen auftritt, über ihn verfügend, ob er will oder nicht. Der Kunstwille bestimmt den einzelnen Menschen, verändert ihn und versetzt ihn in einen Rauschzustand, in dem er den Bedürfnissen des Lebens Folge leistet und ihnen gemäß Kunstwerke schaffe. Alles Lebendige drängt nach Vermehrung seiner Kraft und bringe sämtliche verfügbaren Mittel ins Spiel, seine Erhaltung und Steigerung zu fördern. Dem Menschen ist die Kunst gegeben, damit er sie ausübe, um in der Welt zu gebieten. Er vermag Werke zu schaffen, deren Kraft der Suggestion die Dinge so herrichtet, wie sie sein Dasein verlangt. So liegt nach Nietzsches Ansicht die ursprüngliche Bedeutung des Tones und des Rhythmus in dem Wollen begründet, andere Wesen , vor allem die Götter zu zwingen, auf die Bedürfnisse des menschlichen Daseins einzugehen. Im Kunstwerk werde das Entsetzliche oder Absurde des Daseins so verändert und in solche Vorstellungen umgebogen, mit denen sich leben lässt. Indem die Kunst über die Welt den schönen Schein breite, erlöse sie vom Leiden, welches ohne das ästhetische unerträglich wäre. Der Scheincharakter der Kunst sei nicht grundlos. Indem sie die Phänomene der Welt zwar verfälscht, handele sie im Auftrag des Lebens, welches alles, was ihm hemmend entgegensteht, zu beseitigen trachtet. Dabei könne auf Wahrheit, Realität, Logik usw. keine Rücksicht genommen werden, wenn sie das Dasein nicht zu tragen imstande sind, denn die Seinsbestimmungen "wahr < wirklich und richtig" müssen sich erst selbst vor dem Leben legitimieren

Leben als metaphysischer Begriff .umgreife auch noch das Böse, Kranke und Hässliche. So flüchte die Kunst nicht nur in die Idylle, sondern sie ergreife gerade in ihrer vollsten Stärke das Entsetzliche und Tragische. Auch dann bleibt sie auf das Leben bezogen, denn die Tragödie lehrt, dass das Leben im Grunde der Dinge, trotz allem Wechsel der Erscheinungen unzerstörbar mächtig und lustvoll sei. Da das Leben als das Ganze im Letzten unbestimmbar bleibt, könne es nicht den berechenbaren Sinn hergeben, an den die Kunst zweckhaft gebunden sei, denn dieses Leben verlange ebenso nach dem Schrecklichen und Hässlichen und beschränke sich nicht auf das Ungefährliche und Anmutige. Der Künstler sei der gespannte Bogen zwischen dem großen Ziel. sich dem Totum der Welt zu nähern und der kritischen Selbstanalyse, die seine Existenz als Lüge entlarve. Er sei Hanswurst und Gott benachbart, der Heilige und die Canaille. Der Nimbus überirdischer Vermögen werde selbst dem Genie fragwürdig und er erkenne die realen, sogar banalen Bedingungen, die sein Schaffen bedingen.

Der mittelmäßige Mensch sei aus dem Ganzen des Lebens herausgefallen und vermag es nicht mehr, in seiner Totalität zu bejahen. Er flüchte sich in den Teil als einseitiges Moment und suche sich von allem Schädlichen und Fragwürdigem zu befreien. Der ästhetische Mensch hingegen werde dem Charakter eines Ding gerecht, weil er auch das Zwiespältige an ihm gelten ließe und nicht zugunsten banaler Lebensbedürfnisse im Eindeutigen beruhigt verweile.. Auch der moderne Künstler vermag das Ganze nicht mehr unmittelbar zu ergreifen aber sein Dasein sei dadurch gekennzeichnet, dass er fortwährend versuche, das Ganze zu umstellen, ohne es zu verstellen. Er müsse es in stetig neuen Experimenten von den verschiedensten Blickrichtungen aus angehen, müsse es in Gegensätzliches aufreißen, ohne bei der Antithese als Prinzip stehen zu bleiben.

M. Djuric schreibt, dass Nietzsche die Tragödie wegen ihrer Lebenskraft geschätzt habe, weil sie sich ausdrücklich bejahend zum Leben verhalten habe, weil sie das Leben im ganzen akzeptiere, mit seiner Mühsal, Plage und all seinen Schrecken. Es schien ihm, als ob keine andere Gattung der griechischen Kunst die widersprüchliche Natur des Lebens so drastisch an Licht gebracht, dass keine so überzeugend gezeigt habe, dass Unheil, Unglück und Leiden nicht nur unumgängliche Bestandteile des Lebens seien, sondern auch die tiefste Quelle seiner schöpferischen Kraft. Seiner Meinung nach preise und heilige die griechische Tragödie das Leben, sie sei eine echte Apotheose des Lebens gerade deswegen, weil in ihr das Hässliche und das Disharmonische höchstes künstlerisches Gewicht habe, sogar einen höchsten künstlerischen Genuss hervorrufe.

Nietzsche habe nicht daran gezweifelt, dass Dionysos nicht nur Schutzpatron der griechischen Tragödie, sondern auch das Grundprinzip des Lebens sei. In ihm sei die elementare Triebkraft wirksam, der Mensch schließe den Bund mit den anderen Menschen und feiere die Versöhnung mit der Natur. (GT 1, S.25) Für Nietzsche sei Dionysos der Gott der Lebensfreude, der Gott, der den Glauben an das Leben einflöße. Sein Leiden sei keine Anklage gegen das Leben, sondern echte Bestätigung des Lebens. Gerade als der leidende Gott, als einer, der das Leiden der Einzelexistenz gespürt habe, feiere und preise Dionysos das Leben. Für ihn sei Schmerz ein schöpferischer Impuls und nicht nur etwas Negatives, da er zur Stärkung und Steigerung der Lebenskraft beitrage.

Nietzsche stelle fest, dass Dionysos über die Einzelexistenz hinausginge und die ursprüngliche Einheit wieder herstelle, dass er den Einzelmenschen in den Abgrund ziehe und es ihm überlasse, sich mit dem Allgemeinen zu identifizieren. Daraus folge, dass die dionysische Kunst unumgänglich jeden Pessimismus überwinde, dass sie die freudige Hoffnung sei, den Bann der Individuation zu brechen, als die Ahnung einer wiederhergestellten Einheit. Ihre einzige Aufgabe sei, uns von der ewigen Lust des Daseins zu überzeugen, uns darzutun, dass das Leben im Grunde der Dinge unzerstörbar mächtig und lustvoll sei. (GT 7, S.52)

Weiter schreibt Gjuric auf Seite 278, dass für Nietzsche die Kunst eine schöpferische menschliche Tätigkeit sei, dass in der Produktion des prachtvollsten, des für das Leben bedeutsamsten Schein bestehe, dass die ursprüngliche Weise des menschlichen Umgangs mit der Welt ein wesentlich künstlerisches Gepräge trage. Die Kunst ist demnach nicht nur am tiefsten mit dem Leben verwurzelt, sie stellt vielmehr sein höchstes Bedürfnis und sein mächtigstes Werkzeug dar. Ohne Kunst wäre das Leben ohne Glanz und die Vollkommenheit würde ihm fehlen, wie auch die Welt undurchsichtig bleiben würde, ja überhaupt keinen Sinn hätte.

Weiter heißt es auf Seite 279, dass alles was sei, gehöre zum Ganzen des Seienden, bilde ein unumgängliches Glied in dessen Erhaltung. Es gäbe nichts, was verwerflich wäre, was ausgelassen werden könne. Nicht von alledem, was geschehe, könne an sich verwerflich sein, denn Jegliches sei so mit allem verbunden, dass irgend etwas ausschließen, Alles ausschließen hieße. Der Einzelne sei ein Stück Fatum von Vorne und von Hinten, ein Gesetz mehr, eine Notwendigkeit mehr für Alles, was kommt und sein wird. Zu ihm sagen" ändere dich, hieße verlangen, dass alles sich ändert, sogar rückwärts noch. (N 1888/89 S. 81)

Die Bedeutung von Nietzsches Ästhetik

Peter Pütz [1] schreibt, dass **Nietzsche**, wie aus seinen Briefen an Erwin Rhode (7.10.1869) und Peter Gast (19.11.1886 und 19.4.1887) hervorginge, bestrebt war ‚eine systematische Ästhetik zu schaffen. Dazu habe er jedoch die Befreiung der Kunst aus allen Bindungen verlangt: Sie dürfe weder als Magd der Philosophie noch als Vehikel zum Nirwana dienen, gleichgültig sollten ihr moralische, religiöse und politische Bestrebungen sein. „Kunst als Überlegenheitsgefühl und Berg gegenüber der Niederung von Politik, Bismarck, Sozialismus und Christentum u.s.w. (an Peter Gast, S. 203).

Die Loslösung der Kunst von allen Idealen mache es allerdings unmöglich, ihr einen festen Platz zuzuschreiben.....die Verselbstständigung zerstöre jeden systematischen Ansatzpunkt. An Stelle der verabschiedeten Ideale setze Nietzsche aber zwei Potenzen, die in enger Beziehung zur Kunst stünden: Das Apollinische und das Dionysische. Ihre Geltung erstrecke sich jedoch weit über den herkömmlichen Bereich der Kunstwissenschaft hinaus. Beide Begriffe seien zwar aus der antiken Geistesgeschichte entwickelt, aber ihre Verwendung deute eher auf die Metaphysik als auf Kulturhistorie, weshalb die empirischen Einwände der Philologen Nietzsches Theorie nicht träfen.

Beide Begriffe, die Nietzsche hier gesetzt habe, hätten eine Tendenz zur Einheit, jeder aber in einem völlig eigenen Sinne: Das Dionysische drängt zu einer Universalität, die selbst das Extreme umfasse und alle Grenzen überspiele. Das Umfassende in dieser

---

[1] Friedrich Nietzsche 1967 Tübingen

Einheit zeige sich sprachlich in der Vereinigung der Gegensätze: schmerzlich- verzückt; Wechsel- Gleichheit; Mitfreudigkeit- Mitleidigkeit, Schaffen- Vernichten.

Auch das Apollinische strebe nach Einheit aber nicht die universale, alle Gegensätze umspannende des dionysischen, sondern die eindeutige, die aus der Fülle des Ganzen einen Teil heraushebe und sich bewusst auf ihn beschränke; die Unterordnung unter ein Gesetz beseitige die Mehrdeutigkeit. Das Apollinische habe einen Standpunkt, es blicke auf den Teil und ließe ihn als einfache Erscheinung gelten. Das Dionysische, so wäre zu interpretieren, erstrebt die Einheit des Ganzen, das Apollinische die Eindeutigkeit der Perspektive.

Pütz schreibt weiter, dass die hohe Auffassung von der Polarität als lebenssteigerndes Prinzip auf eine Verwandtschaft mit Goethe deute. Würde das Dionysische allein herrschen. so wären Dumpfheit und Chaos die Folge, es bedürfe daher des vereinfachenden, ordnenden Moments: des Apollinischen. Setze sich dieses absolut, dann würde Erstarrung das Ende sein; das Apollinische sei daher auf das überströmend Lebendige seines Gegenteils angewiesen.

Die Kunst gehorche einem Trieb des Menschen, wenn sie die unerträgliche Wirklichkeit in schönen Schein verwandle, wenn sie oberflächlich aus Tiefe werde (NW XVII, S. 300) immer dann folge sie dem Willen zur Macht, der im Auftrag des Leben stehe.

Die Unzulänglichkeit der Erkenntnismittel ermächtige die Kunst, eine Welt zu setzen, denn wir können nur eine Welt begreifen, die wir selber gemacht hätten.

Die Forderung einer ästhetischen Umgestaltung des Wirklichen gründe sich bei Nietzsche in zwei Voraussetzungen:

1. **in dem Bestreben, die Kunst auf einen umfassenden Ursprung das „Leben" zurückzuführen;**
2 **in der Erkenntniskritik, die jedes Urteil auf seine Bedingungen reduziere.**

Das Leben, der Ursprung aller Dinge, erscheine in der empirischen Welt nicht in einheitlicher Gestalt: es äußere sich erstens in Kunst, Religion, Philosophie, Politik u.s.w. ,zweitens stelle es sich bei jedem dieser Phänomene in zwei grundverschiedenen Formen da: als gesund oder degeneriert.

Beide Arten seien nicht nur Kategorien des Soseins, sondern zugleich Maßstäbe des Sein-Sollens, die an Stelle moralischer Normen treten: „Die Krankhaften sind der Menschen große Gefahr, nicht die Raubtiere." /GM XV, S. 402) Was ist Krankheit ?? Ihre Symptome seien vielfältig: das Übergewicht des Theoretischen, Demokratie, Gleichberechtigung der Frauen, Mitleidsreligion, Wagners Musik, Vorherrschen der Dialektik vor dem Instinkt- alles das seien für Nietzsche untrügliche Zeichen einer erlahmenden Kraft. Das Krankhafte negiert daher: „Stolz, Pathos der Distanz, die große Verantwortung, den Übermut, die prachtvolle Animalität, die kriegerischen und eroberungslustigen Instinkte, die Vergöttlichung der Leidenschaften, der Rache, der List, des Zorns, der Wollust, des Abenteuers, der Erkenntnis (WM XVIII, S. 162). Das Gesunde dagegen bewahre die Fülle, auch das Böse und Gefährliche, der Starke schließe nichts aus, sondern lasse alle Affekte im freien Spiel zusammenwirken, ohne einem einzelnen Zug zu folgen.

Im Gegensatz zur „großen Gesundheit" als obersten Wert stünde die tatsächliche Lebensverarmung der Moderne. Nietzsches Schriften sind voll Zorn und Spott, seine Ausfälle gegen Wagner seien maßlos. doch das Bewusstsein der eigenen Krankheit ermögliche erst den Entwurf eines Gegenbildes, der „großen Gesundheit" In gewissem Sinne habe die Gesundheit die Krankheit zur Voraussetzung, sofern das starke Leben erkannt werden soll. Andererseits habe in der Metaphysik Nietzsches auch die Decadence wie alle anderen Phänomene ihren Ursprung im Ganzen des Lebens.

Die scheinbar unvereinbaren Antipoden Gesundheit und Krankheit rücken also einander näher, in dem jeder den anderen in bestimmter Hinsicht bedinge: die Krankheit gehe der Erkenntnistheorie voran, die Gesundheit in der Metaphysik.

Wolfgang Welsch schreibt, dass Nietzsche der ästhetische Denker par Excellenze sei. Er habe die Ästhetisierung dreifach radikalisiert. Er habe erstens gezeigt, dass Wirklichkeit insgesamt gemacht sei. Er habe zweitens darauf hingewiesen, dass diese Wirklichkeitserzeugung mit fiktionalen Mitteln erfolge: durch Anschauungsformen, Grundbilder, Leitmetaphern, Phantasmen, u.s.w. Und er habe drittens die Schwelle der einen und gemeinsamen Welt durchbrochen: wenn Wirklichkeit Ergebnis einer Erzeugung sei, dann müsse man auch mit dem Entstehen unterschiedlicher Welten rechnen Schon in einem frühen Manuskript „Über Wahrheit und Lüge im außermoralischen Sinne von 1873 habe Nietzsche darauf hingewiesen, dass wir Wirklichkeit nur mit fiktionalen Mitteln und auf dem Weg metaphorischer Tätigkeit hervorbringen würden. Wir übertrügen einen anfänglichen Nervenreiz in ein Bild, dieses in einen Laut, schließlich den Laut in einen Begriff. Durch solche Übertragung von einer Sphäre in die andere entstünden die Kaskaden der Wirklichkeit. Diese sei in allem, was über einen elementaren physischen Reiz hinausgehe, ein Produkt menschlicher Kunst.
Wenn uns die Wirklichkeit gewöhnlich nicht als erzeugt sondern als gegeben erschiene, so das eine Folge eines systematischen Vergessens unserer Tätigkeitsmerkmale. „Der Mensch kommt

zum Gefühl der Wahrheit, indem er sich als Subjekt und zwar als künstlerisch schaffendes Subjekt vergisst. Er vergisst....die originalen Anschauungsmetaphern als Metaphern und nimmt sie als die Dinge selbst. Zwar erzeugen wir unsere Wirklichkeiten, aber wir verbergen uns dies oder vergessen es- - und dadurch entsteht der Anschein von Ojektivität."[1] Das Gefüge der Wirklichkeit beruhe insgesamt auf ästhetischen Projektionen - es läge ihm die frei dichtende und frei erfindende Tätigkeit des Menschen, mithin ein ästhetisches Verhalten zugrunde - nur wollten wir das gewöhnlich nicht wahrhaben, sondern verdrängen und vergessen es. Weiter bemerkt Nietzsche dazu: „Man darf hier den Menschen wohl bewundern als ein gewaltiges Baugenie, dem auf beweglichen Fundamenten und gleichsam auf fließendem Wasser das Auftürmen eines unendlich komplizierten Begriffsdomes gelingt, freilich, um auf solchen Fundamenten Halt zu finden, muss es ein Bau, wie aus Spinnefäden sein, so zart, um von der Welle mit fortgetragen, so fest, um nicht von dem Winde auseinander geblasen zu werden" Welsch bemerkt dazu, dass alle Elemente des Ästhetischen in dieser Charakterisierung versammelt seien. Nietzsche zufolge enthielten unsere Wirklichkeitsentwürfe nicht nur grundlegend ästhetische Elemente, sondern seien insgesamt von ästhetischem Zuschnitt: Sie seien poietisch erzeugt, durch fiktionale Mittel strukturiert und in ihrer ganzen Seinsweise nach von jener schwebenden und fragilen Art, die man traditionell nur ästhetischen Phänomenen attestiert - und nur bei ihnen für möglich gehalten hat. Bei Nietzsche seien Wirklichkeit und Wahrheit im ganzen ästhetisch geworden. Was Baumgarten angebahnt und Kant als erster ein Stück weit ausgearbeitet habe- Nietzsche hätte es bis ins Extrem entwickelt.

---

[1] Nietzsche, Ü. Wahrheit und Lüge S. 883

Mihailo Djuric schreibt dazu in seinem Werk Nietzsche und die Metaphysik [3] , dass keine Schuleinteilungen der traditionellen Philosophie zu Nietzsches Werk passe...es gäbe keine Ästhetik Nietzsches, so wie auch keine Erkenntnistheorie, Ontologie oder praktische Philosophie.....Sein umstürzlerisches Denken könne in keine geprägte Form hineingepresst werden. Sein Denken sei nicht nach den einzelnen Fächern gegliedert, es entziehe sich sogar prinzipiell jeder solchen Gliederung .....Insofern habe es keinen Sinn, sich an die alten Einteilungen und Unterscheidungen zu halten, da er so offensichtlich die Richtung alles bisherigen Philosophierens verlasse...Um daher der Gefahr der Fehldeutungen vorzubeugen aber auch um tatsächliche Missbräuche zu verhindern, sei es am besten, darauf zu verzichteten, die einzelnen Problembereiche der Philosophie Nietzsches ganz unverbindlich nach dem gewohnten Schulnamen zu benennen, denn Nietzsche selbst habe die traditionelle Art der Fragestellung beiseite gelassen und nicht nur die ganze traditionelle Weise ihrer Beantwortung verworfen. In seiner kritischen Auseinandersetzung mit der philosophierenden Tradition habe er keine Disziplin unbeachtet gelassen, insbesondere habe er auch die Ästhetik nicht gescheut. Nietzsche habe sogar nachdrücklich die Aufmerksamkeit auf diesen Zweig der Philosophie gelenkt.

Gewissermaßen sei die Philosophie Nietzsches eine unumgängliche Ergänzung der überlieferten ästhetischen Theorien...Die Philosophie sei in höchst möglichen Maße ästhetisch ausgerichtet und inspiriert, sie sei vor allem und in erster Linie Philosophie der Kunst und zwar nicht nur durch etwas ihr Nebensächliches oder zufällig Beigefügtes, sondern in ihrem tiefsten Kern.

Schon die Art und Weise wie sich Nietzsche der Kunst zuwende, enthülle unzweideutig diese Grundrichtung seiner Philosophie.

---

[3] Kap. 4, Kunst als Organum der Philosophie, 1985 Gruyter, Berlin

Keine eng fachwissenschaftliche Beschränkung kennzeichne die Wendung. Anstatt das Kunstwerk als selbstständige ästhetische Totalität, unabhängig von seinem Lebensbezug in den Mittelpunkt der Aufmerksamkeit zu stellen, lege Nietzsche den größten Nachdruck gerade auf diesen Bezug, er sah die Kunst unter Optik des Lebens, er fand, dass die Kunst wie eine Naturgewalt im Menschen auftrete...er habe das Leben selbst als das künstlerische Grundphänomen aufgefasst.

Man könne vorbehaltlos sagen, dass Nietzsche die Kunst in den Rang eines kosmischen Prinzips erhoben habe, dass er in ihr nicht mehr und nicht weniger das Grundgeschehen alles Seienden erblickt habe, dass er auf ihrer Spur zuallererst den Sinn des Seins selbst erahnt habe.

Deshalb sei bei ihm die Philosophie auf die Kunst verwiesen. Die Kunst sei nicht nur ein Gegenstand an dem die Philosophie ihre Stärke erprobe, sondern auch ein Medium in dem die Philosophie zur Besinnung auf ihre eigene Aufgabe komme. Es handele sich nicht darum, dass die Philosophie der Kunst zeige, worin ihr Wesen bestünde (obwohl die unumgänglich sei), sondern vielmehr darum , dass die Kunst der Philosophie zeige, was ihre Aufgabe ausmache.

Denn die Kunst sei der Ort der höchsten Bestätigung der menschlichen schöpferischen Kraft und das sei von paradigmatischer Bedeutung für die Philosophie.

Nietzsche sei von der Übermacht der Kunst über die Philosophie überzeugt gewesen, wie auch von der Notwendigkeit, die Philosophie nach dem Vorbild der Kunst umzuwandeln. „Die Kunst ist wesentlich Bejahung, Segnung, Vergöttlichung ihres Wesens", betont Nietzsche[2] Diese sei als Metaphysik immer geneigt, die Welt und das Leben zu verneinen und abzulehnen, da sie äußerst misstrauisch gegen alles Sinnliche und Individuelle sei.

---

[2] Nachlass 1888/89

Ihr höchster Gedanke sei eine andere (jenseitige) Welt und ein anderes (geistiges, d.h. entsinnlichtes, unkörperliches) Leben. Nietzsche sagt: Die eigentümlich, weltverneinende, lebensfeindliche, sinnenungläubige, entsinnlichte Abseits - Haltung der Philosophen, welche bis auf die neuste Zeit festgehalten worden ist, sei vor allem eine Folge des Notstandes von Bedingungen, unter denen die Philosophie überhaupt entstand, es sei die längste Zeit Philosophie überhaupt nicht möglich gewesen, ohne eine asketische Hülle und Einkleidung, ohne ein asketisches Selbst-Missverständnis. Die Philosophie sei also nach Nietzsche im Grunde dekadent, pessimistisch, nihilistisch. Trotz seines großen Misstrauens gegen die romanische Kunst seiner Zeitgenossen, sei Nietzsche fest überzeugt gewesen, dass die Kunst der einzig wirkliche Damm gegen den Nihilismus sei. Die Kunst sei die große Ermöglicherin des Lebens, die große Verführerin zum Lebens, das große Stimulans zum Leben. Die Kunst als einzig überlegene Gegenkraft gegen allen Willen der Verneinung des Lebens, als das antichristliche, antibuddhistische, antinihilistische par Excellenz.

Schon dadurch, das Nietzsche die Kunst hoch über die Philosophie gestellt hat, habe er sich offen der philosophischen Tradition entgegengestellt, denn in der Tradition habe die Kunst immer nur eine untergeordnete Rolle gegenüber der Philosophie gespielt. Durch seine Erhebung der Kunst über die Philosophie habe aber Nietzsche nicht nur diese vollkommen unterschätzende Haltung, diese tief eingewurzelte Voreingenommenheit der ganzen philosophischen Tradition dem künstlerischen Schaffen gegenüber in Frage gestellt.

Weiter schreibt Djuric, dass der Schein der Kunst kein eingebildeter sei, sondern ein wirklicher Schein. Sein Bestand könne nicht durch den puren Hinweis auf die Wahrheit als seine legitime Instanz umgangen und noch weniger durch nachträgliche

Berufung auf das Sein, dass sich angeblich dahinter verberge, beseitigt werden.

Gegen den Maßstab der Wahrheit, auf dem alle traditionelle Ästhetik gründe, setzte Nietzsche den Maßstab des Lebens. Dieser Begriff sei jedoch höchst spekulativ und könne nicht auf eine platte biologische Bedeutung reduziert werden. Es steckt aber scheinbar eine gewisse Befangenheit in dieser Äußerung von Djuric, wenn er die biologische Bedeutung als „platt" bezeichnet. **Dieser Begriff ersetzte eigentlich den traditionellen Begriff des Sein, insofern durch ihn eine neue ontologische Erfahrung angedeutet und bezeichnet würde. In seinem Rahmen würde die ganze Welt als ein allumfassendes Lebewesen, als ein unaufhörliches unvollendetes Geschehen, als ein dionysisches Spiel des ewigen Schaffens und Zerstörens konzipiert. Diesen alternativen Maßstab habe Nietzsche später „Wille zur Macht " genannt.**

Trotz seiner Unbestimmbarkeit und Unfassbarkeit sei es doch unzweifelhaft, dass der Schein wirklich existiere und zwar nicht als etwas nebensächlich Seiendes, als eine niedere, uneigentlich Form der Wirklichkeit, sondern als das höchstmöglich reale Sein. Nietzsche habe mit höchstmöglicher Entschiedenheit dem Gegensatz zwischen Wahrheit und Schein aufgehoben. Er habe weder die Wahrheit als Schein bezeichnet, noch den Schein in Wahrheit umgewandelt, sondern schlechthin die Verkettung zwischen ihnen zerrissen. Der Schein walte demnach unabhängig vom Sein, er gründe sich nicht mehr auf seinem Fundament. Aber obwohl der Schein nicht im Sein gründe, sei er dennoch kein Trug. Sein ontologischer Bezug könne kaum bestritten werden. Nicht nur, dass der Schein jeder Wesenhaftigkeit entbehre, er bedürfe ihrer auch nicht, es gäbe nichts hinter ihm, das ihn erst ermöglichen würde. In diesem Sinne sage Nietzsche (N 1884/85 KGW VII 3, 40 (53), Seite 386: „Ich setzte also nicht Schein in Gegensatz zur Realität, sondern nehme umgekehrt Schein als die

Realität, welche sich der Verwandlung in eine imaginäre Wahrheitswelt widersetzt."

Dies bedeute, dass der Schein nichts Zufälliges sei, nichts, was möglicherweise auch nicht sein könnte, sondern etwas, was gleichsam dem Wesen der Realität selbst angehöre.

Auch in den höchsten Erzeugnissen der Philosophie, Wissenschaft, Moral und Religion habe Nietzsche nichts anderes erblickt, als verschiedene Gestalten des Scheins. Nietzsches Worten zufolge erhielten sich alle Lebewesen durch Irrtum, ja alles Leben beruhe auf Irrtum (N 1884, S. 285). Nur in der anorganischen Welt gäbe es keinen Irrtum, da herrsche Wahrheit. Der Schein würde erst in der organischen Welt unumgänglich, denn erst da beginne die Unsicherheit und Unbestimmbarkeit.

Nietzsche habe gerade dem Schein, den die Kunst erzeuge, außerordentliche Bedeutung beigelegt. Fast sei es so, als habe er ästhetischen Schein als Prototyp jeden möglichen Scheins begriffen.

So erweise sich, dass die Kunst allen anderen menschlichen Tätigkeiten musterhaft zeige, was allein wichtig sei : Erhaltung und Förderung des Lebens. Nietzsche finde, dass die Kunst als der wichtigste Bereich kulturellen Schaffens anzusehen sei, weil das leben nur durch den Schein erhalten und gefördert werden könne. Im Nachlass 1887/88, S. 43-44 sagt Nietzsche dazu: „Alles Organische, was urteilt, handelt wie ein Künstler, es schafft aus einzelnen Anregungen und Reizen ein Ganzes, es lässt vieles einzelne beiseite, schafft eine Simplificatio, es setzt es gleich und bejaht sein Geschöpf als seiend.

Die Kunst zeige nach Nietzsche allen anderen menschlichen Tätigkeiten musterhaft, was man das, was Not tue, tun soll und das wäre: Erhaltung und Förderung des Lebens. Nietzsche setzte die Kunst als den wichtigsten Bereich kulturellen Schaffens. Die Kunst verdiene Geburtsort des Scheins genannt zu werden, da in ihr das Bestreben, den Schein als einzige Realität darzustellen, zunächst zum Ausdruck komme.

Es stelle sich sogar heraus, dass die Kunst allem Seienden ein Gepräge gebe, dass das künstlerische Schaffen dem ursprünglichen Schaffen der Natur sehr nahe komme, dass die Kunst vorzugsweise ein kosmisches und nicht nur ein menschliches Phänomen sei, oder wenigstens, dass die Einheit von Mensch und Natur zunächst und am vollkommensten durch die Kunst ausgedrückt würde.

Die Kunst erzeuge den Schein nicht nur, um das nackte Leben zu ermöglichen, um zu seiner Erhaltung beizutragen, sondern um das Leben auf eine höhere Stufe zu erheben, um ihm einen höheren Sinn einzugeben, um es vorbehaltlos zu verklären und zu verherrlichen. Im Schein würde das Leben das Leben gerühmt, d.h. in einem glänzenden Licht dargestellt und nicht nur in begriffliche Fixierungen gefasst, die in das umgebende Chaos hineinprojiziert würden.

Weil der ästhetische Schein in einem verstärkten und der logische in einem geschwächten, verkümmerten künstlerischen Trieb gründe, erhebe die Kunst das Gefühl der Macht unvergleichbar mehr als jede andere menschliche Tätigkeit. Nietzsche unterstreiche, dass die Kunst eine Form des Willens zur Macht sei und zwar deswegen, weil sie sehr tief im Leben verwurzelt und untrennbar mit dem Leben verbunden sei. Unter dem Willen zur Macht verstehe er den schöpferischen Impuls des Lebens, d.h. das Wesen des Lebens selbst.

Auf Seite 272 bemerkt Djuric, dass Nietzsche mit höchstmöglicher Exaktheit betone, dass den ästhetischen Zustand nicht nur gesteigerte Wirksamkeit , sondern auch gegenseitige Durchdringung von Empfänglichkeit und Übertragbarkeit, von Verständnis und Mitteilungsfähigkeit charakterisiere. Er glaube, dass dadurch erst der physiologische Hintergrund des künstlerischen Schaffens beleuchtet, dass erst so jenes, woraus der Künstler schaffe, erklärt würde. Dabei sehe Nietzsche ganz deutlich, dass die Verständigungskraft und die Mitteilungskraft nur zwei Seiten ein und desselben Ausnahmezustands seien (N 1888/89, S.148) , dass der vom Rausch ergriffene Mensch nicht nur äußerst empfindlich gegen Reize und Zeichen sei, sondern dass seine Empfindlichkeit ihren Höhepunkt gerade in dem „Erraten und Darstellen" erreiche. Es gebe keine scharfe Grenze zwischen der Fähigkeit, tief ins Unbekannte zu tauchen, innig mit anderen zu fühlen und der Fähigkeit, alles ans Tageslicht zu bringen, alles den anderen mitzuteilen. Der ästhetische Zustand sei eine seltsame Mischung von widersprüchlichen Tendenzen. Der Mensch in diesem Zustand befinde sich nicht nur unter dem Impuls von Innen wirkender starker Reize, er fühle vielmehr auch ein unwiderstehliches Bedürfnis, „durch hundert Sprachmittel" zu reden. Seine Sinne seien dermaßen geschärft, sein Lebensgefühl derart gesteigert und das Muskelsystem derart gespannt, dass er nach irgendeinem Ausdruck greifen müsse, um die innere Spannung loszuwerden. Insofern sei der ästhetische Zustand die „Quelle der Sprachen, darin erreiche die Mitteilsamkeit und Übertragbarkeit zwischen lebenden Wesen ihren Höhepunkt erreiche

Wirkungsgeschichte der Ästhetik von Nietzsche

Allemann schreibt, dass die Jahrzehnte nach Nietzsche zu Formzertrümmerungsparolen zu wirklichen Mutationen der dichterischen Sprechweise geführt haben. von denen Nietzsche selbst noch nichts geahnt habe. Das ändere aber nichts daran, dass der expressionistisch - futuristische Aufbruch von 1900 zu beträchtlichen Teilen ein Aufbruch aus dem Geiste Nietzsches gewesen sei.

Peter Pütz [1] bemerkt, dass Nietzsche in der Literatur ebenso deutlich Spuren hinterlassen habe, wie sonst nur in der Existenzphilosophie. Es sei bezeichnend, dass nicht nur Jaspers und Heidegger, sondern auch die Dichter Schlaf, Bertram und F.G. Jünger Bücher über ihn geschrieben haben und zwar früher als die Philosophen.

Benn, Hesse, Heinrich Mann, Thomas Mann, Zweig und andere haben ihm Essays gewidmet. Die Vieldeutigkeit Nietzsches entspräche der Verschiedenartigkeit seiner Wirkungen. Thomas Mann und Musil seien die besten Schüler Nietzsches, da sie nicht seine Jünger geblieben seien. Sie hätten nicht nur seine Ideen als Stoff übernommen, sondern sie ästhetisch fruchtbar gemacht, indem sie sie auf die Formen des Erzählens übertragen hätten. Hier habe die literarische Nietzsche-Wirkung ihren Höhepunkt erreicht.

Hinsichtlich der Wirkung Nietzsches auf den Expressionismus schreibt Pütz, dass das Nebeneinander von nihilistischer Entwertung der Gegenwartskultur und pathetischem Erneuerungswillen sowohl für Nietzsche, als auch für den Expressionismus charakteristisch sei. Nietzsche und die Expressionisten wollten der bürgerlichen Gesellschaft, ihrer Moral

---

[1] Friedrich Nietzsche Sammlung Metzler

und verfehlten Politik des Todesstoß versetzen. Anders als der Naturalist und ähnlich wie Nietzsche, zertrümmere der Expressionist die Wirklichkeit und setze die Elemente, nur der Forderung seines Ausdruckwillens gehorchend, neu zusammen. Gebärde, Schrei und Collage, Aufhebung der logischen Szenenfolge im Drama, Auflösung der Syntax im Gedicht u.s.w. seien Mittel der neuen Kunst.

Für die Totenrede auf den „alten" und die Verkündigung des „neuen Menschen" (Barlach, Kaiser u.a.) bedienten sich Nietzsche und die Expressionisten einer hohen Sprache mit dem Pathos biblischer Prophetie. Der Einfluss Nietzsches sei nirgendwo so greifbar, wie bei den Dichtern des Expressionismus. Das Jahrbuch für neue Dichtung und Wertung habe sich „Erhebung" genannt, aber ebenso rasch wie bei Nietzsche schlage der Enthusiasmus in Resignation um,, neben den Bildern des Höhenfluges stünden diejenigen des Sturzes. Immer wieder hätten sich Sprache und Empfindung ins Extreme übersteigert: Komparative, Superlative, Plurale der Abstrakte (Ängste, Zwänge), gehäufte Wiederholungen. Das Kosmische (Sonne, Sterne) habe sich als Material für poetische Bilder angeboten, nichts habe hoch, weit und universal genug sein können. Mit Nietzsche gemeinsam hätten die Expressionisten die Vorliebe für Versatzstücke. Eine sprachliche Fügung, die sich einmal bewährt habe, falle dem Autor bei ähnlichen Situationen immer wieder ein. Auf Nietzsches Erbe gingen auch die extremen Verallgemeinerungen von Begriffen zurück: Die Expressionisten sprächen von der Tat und dem Werk und meinten damit etwas so Grundsätzliches und Umfassendes, dass keine bestimmte Tätigkeit dazu in Widerspruch treten könnte. Sokel, Lämmert u.a. hätten aus dieser ethischen Vagheit auf eine Anfälligkeit der Expressionisten geschlossen, ähnliches ließe sich bei Nietzsche-Anhängern beobachten.

Nach Wolfgang Welsch [2] sei Inkommensurabilität einer Hermeneutik der Kunst ein Gedanke, den erstmals Nietzsche formuliert habe. In der Geburt der Tragödie aus dem Geiste der Musik fasse er die Kunst grundsätzlich als Instanz des Inkommensurablen auf - seitdem aus dem Dionysoskult die attische Tragödie hervorgegangen sei. die Philosophie hingegen habe ihm als exemplarisches Unternehmen von Kommensuration gegolten - seitdem Sokrates durch Elimination alles Inkommensurablen des Siegeszug der Vernunft eingeleitet habe. Von nun an stünden die Kunst- als prototypische Sphäre des Inkommensurablen und die Philosophie als exemplarisches Unternehmen einer Kommensuration einander ihrerseits inkommensurabel gegenüber.

In neuerer Zeit hätte vor allem Lyotard [1] die Inkommensurabilität unterstrichen. Sie bilde für ihn den Fokus der modernen Kunst. so habe Duchamp nichts anderes getan, als „ Material, Werkzeuge und Waffen für eine Politik des Inkommensurablen zu liefern - Alle Forschungen der Avantgarden ...gehen seit hundert Jahren dahin, die gegenseitige Inkommensurabilität der Spracharten aufzudecken."

Deshalb könne heute eine moderne Hermeneutik der Kunst nicht mehr auf Übersetzung, Substitution Begreifen oder Bewahrheitung der Kunst zielen, sondern müsse es sich umgekehrt zur Aufgabe machen, der Unübersetzbarkeit Ausdruck zu verleihen. Heutiger Philosophie ginge es seit Nietzsche, Adorno, Lyotard und ebenso bei Derrida, Kofmann und anderen - nicht um ein Begreifen der Kunstwerke als hermeneutische Objekte, sondern um die Wahrung ihrer Unbegreiflichkeit. Es ginge nicht um Interpretationsarbeit, sondern um den Abbau hermeneutischer Overkill-Arsenale, um Widerstand gegen den furor hermeneuticus.

---

[2] Grenzgänge der Ästhetik, Seite 221

[1] Jean-Francois Lyotard, Tombeau de l` interllectuel et autres papiers, Paris 1984

Auch die neuere oder postanalytische Philosophie vertrete, ähnlich wie Nietzsche, die moderne Wissenschaftstheorie und die Hermeneutik - die Auffassung, dass wir auf beweglichen Fundamenten und gleichsam auf fließendem Wasser operieren müssten. Das sei im analytischen Kontext eine Konsequenz daraus , dass die Rede von einer Wirklichkeit an sich prinzipiell sinnleer sei, weil es Wirklichkeit immer nur als „ Wirklichkeit unter einer Beschreibung" gebe, dass wir bei allem, was beschrieben werde, auf Beschreibungsweisen beschränkt seien.. Daher könnten wir von Wirklichkeit immer nur im Horizont prinzipiell problematischer (nie letztbegründbarer) Prämissen und stets nur von einer Wirklichkeitsversion neben anderen spreche.

Entsprechend habe Richard Rorty [2] im Spiegel der Natur dargelegt, dass die überkommenen Abbild und Objektivierungs-Vorstellungen, den produktiven und ästhetischen Charakter unserer Erkenntnisleistungen unterschlagen würden. In Kontinguenz , Ironie und Solidarität zeige er dann, dass unsere Fundamente insgesamt ästhetisch verfasst, nämlich durchweg kulturelle Artefakte seien. Aus dieser Einsicht habe er seine aufschlussreiche Konsequenz gezogen, er plädiere für eine poetisierte Kultur. Darunter verstehe er eine Kultur, die wisse, dass man es allenthalben mit kulturellen Artefakten zu tun habe, die man nur an anderen kulturellen Artefakten, nie hingegen an der Wirklichkeit selbst überprüfen könne. Eine poetisierte Kultur erkenne diese Situation an, statt weiterhin vergeblich darauf zu beharren, „dass wir die echte Wand hinter den gemalten Wänden finden, die echten Prüfsteine der Wahrheit im Gegensatz zu Prüfsteinen, die nur kulturelle Artefakte sind."

---

[2] Richard Rorty, „Der Spiegel der Natur „ Frankfurt 1981

Ähnlich wie Rorty habe zuvor schon Nelson Goodman [3] auf eine Parallelität von künstlerischer und wissenschaftlicher Tätigkeit hingewiesen. Seine Rede von „Weisen der Welterzeugung" setze auf analytischer Basis Kants und Nietzsches Einsicht in den Fiktionscharakter des Erkennens fort und leite zu einem generellen Non-Fundamentalismus über. Goodman zeige, dass alle Symbolsysteme - die der Wissenschaft ebenso wie der Wahrnehmung oder der Lebensformen - ästhetisch, bzw. poietisch verfasst seien. Welt-Visionen seien nicht einfach vorhanden, Welt-Visionen würden erzeugt.

Es schiene nicht übertrieben zu behaupten, dass der Übergang zu einer ästhetischen Interpretation von Wahrheit, Wirklichkeit und Erkennen den philosophischen Grundgedanken der letzten zweihundert Jahre darstelle. Immer mehr dringe das Ästhetische in die Grundschicht des Kognitiven ein.

Auf Seite 63 bemerkt Welsch weiter, dass der springende Punkt der neueren Situation dadurch gekennzeichnet sei, dass das Ästhetische im Zentrum philosophischer Geltungsansprüche, in der Perspektive der Wahrheit, Heimatrecht gewonnen habe. Das Ästhetische sei gleichsam ins Allerheiligste der Philosophie eingedrungen.

Auch hinsichtlich der Wissenschaftstheorie heißt es weiter auf Seite 84, dass Nietzsches Ansichten im 20. Jahrhundert zunehmend allgemein geworden seien. Selbst die Wissenschaftstheorie sei sukzessiv nietzscheanisch geworden. So habe Otto Neurath,[1] der dem Wiener Kreis anhörte unsere Situation ganz ähnlich wie Nietzsche beschrieben: „ Wie Schiffer sind wir, die ihr Schiff auf offener See umbauen müssen, ohne es jemals in einem Dock zerlegen und aus besten Bestandteilen neu errichten können." Sogar bei Karl Popper läsen wir, „dass dort, wo

---

[3] Nelson Goodman, „Ein Anbsatz zu einer Symboltheorie" Frankfurt 1973

[1] Otto Neurath „Protokollsätze" in Erkenntnis, Band 3

wir auf festem und sicheren Boden zu stehen glaubten, in Wahrheit alles unsicher und im Schwanken begriffen ist „ [3]

Selbst Wissenschaftstheoretiker kämen dort, wo sie Grundfragen erörterten, nicht daran vorbei, wie Nietzscheaner zu sprechen. Die ästhetische Verfassung der Wirklichkeit sei eine Einsicht nicht nur mancher Ästhetiker, sondern aller reflektierenden Wirklichkeits- und Wissenschaftstheoretiker des 20. Jahrhunderts. Sie sei eine fällige Einsicht.

Kant habe als erster in der Kritik der reinen Vernunft unter dem Titel einer „transzendentalen Ästhetik" dargelegt, dass ästhetische Momente für unser Wissen grundlegend seien. Kants „Revolution der Denkart" zufolge würden wir von den Dingen nur das a priori erkennen, dass was wir selbst in sie legten. und was wir zuallererst in sie legten, das seien ästhetische Vorgaben - die Anschauungsformen von Raum und Zeit. Nur in Raum und Zeit könnten uns überhaupt Gegenstände gegeben werden genauso weit, wie diese Anschauungsformen sich erstreckten, reiche unser Erkennen und unsere Wirklichkeit. Insofern sei bei Kant die Ästhetik
fundamental geworden. Seit Kant wüssten wir um die ästhetischen Fundamente allen Erkennens.

Nietzsche habe die Kantische Grundlegung fortgeführt und so überzeugend gemacht, dass kaum etwas gegen sie vorzubringen wäre. Er habe aufgezeigt, dass unsere Wirklichkeitsentwürfe nicht nur grundlegend ästhetische Inhalte beinhalteten, sondern im ganzen von ästhetischer Art seien. Wirklichkeit sei ein Konstrukt, dass wir wie Künstler mit fiktionalen Mitteln - durch Anschauungsformen, Projektionen, Phantasmen, Bildern, usw. hervorbrächten. Erkennen sei eine grundlegend metaphorische Tätigkeit.

---

[3] Karl Popper, „Die Logik der Sozialwissenschaften" Neuwied-Berlin 1969

Zusammenfassung

Aus den bisherigen Untersuchungen geht hervor, dass es Nietzsche darum ging, eine „wissenschaftliche Ästhetik" zu formulieren. Es kann daher zwingend davon ausgegangen werden, dass er sich auch mit der in seiner Zeit aktuellen Ästhetik intensiv auseinandergesetzt haben muss. Weiter wurde festgestellt, dass starke Parallelen zwischen Schillers und Nietzsches Ästhetik vorhanden sind. Peter Pütz schreibt dazu, wie bereits dargelegt, dass auch der späte Nietzsche in den Kategorien Schillers denke. Dies scheint eine sehr schlüssige Feststellung zu sein, allerdings folgt Nietzsche wohl nur dem Ansatz von Schiller, kommt dabei allerdings zu anderen Resultaten.

Durch die Tatsache, dass er Schillers Stofftrieb und dem dazu komplementären Formtrieb in den griechische Kunstgottheiten des Dionysischen und Apollinischen verwirklicht sieht, eröffnet er in seiner Ästhetik Perspektiven, die die diesbezüglichen Ansätze seiner Zeit um ein mehrfaches überschreiten. Zunächst bringt er dadurch Ästhetik in die Philologie und gelangt mit diesem Ansatz zwangsläufig grenzüberschreitend zu den Grundpfeilern der abendländischen Philosophie, die im antiken Griechenland begründet sind. Die sich daraus ergebende Auseinandersetzung zwischen Sokrates und den Vorsokratikern kann er dann wiederum scheinbar mühelos in die zeitgenössische Philosophie einbringen.

Nietzsches Einstellung zu Ästhetik hat sich, wie bereits erörtert, in seiner Schaffenszeit mehrfach geändert. Djuric schreibt dazu, dass Nietzsche in letzter Schaffensperiode zu seiner ursprünglichen Auffassung zurückgekehrt sei. Im Mittelpunkt der späten Auffassung Nietzsches stehe wieder Dionysos, der allerdings nicht viel gemeinsam habe, mit dem Dionysos der Geburt der Tragödie. Seine Gestalt sei dermaßen verändert, dass man ihn kaum noch zu erkennen vermöge. Er sei nun ungebunden konzipiert, in ganz andere Beziehungen gebracht. Zunächst habe Nietzsche von Dionysos nur in unmittelbarer Verbindung mit Apollo gesprochen, das Dionysische habe er lediglich als ein partielles einseitiges Kunstprinzip aufgefasst, das erst zusammen mit jenem anderen, dem Apollinischen eine wahrhaft große Kunst ermögliche und bedinge.

Nachträglich sei Nietzsche jedoch zu dem Schluss gekommen, dass Dionysos nicht nur auf die Mitwirkung Apolls angewiesen sei, sondern dass er sogar Apollo umfasse oder mit einbeziehe, insofern er in sich auch alle seine Grundzüge trage. Er habe nun unzweideutig festgestellt, dass das Dionysische kein einseitiges Kunstprinzip sei, sondern das höchste und alleinige Prinzip der Kunst und des Lebens selbst, so dass das Apollinische eines seiner inneren Momente sei, nicht aber etwas getrenntes und verschiedenes. In der späten Philosophie gäbe es keine Unterscheidung mehr zwischen der schöpferischen Kraft, welche bestimme und forme und der zerstörenden Kraft, die jede Form breche, jede Beschränkung aufhebe. Nachträglich würde das ganze Weltgeschehen unter einem gemeinsamen Namen gebracht, alles werde aus einer einheitlichen philosophischen Perspektive, aus der Perspektive des Willens zur Macht interpretiert. Durch sein radikales Durchdenken des Gegensatzes zwischen dem Apollinischen und dem Dionysischen habe Nietzsche nicht nur die frühere dualistische Auffassung der menschlich - schöpferischen Tätigkeit aufgehoben, sondern auch den philosophischen Zugang zur Kunst als der höchsten, stärksten und prachtvollsten Bejahung des Lebens endgültig fixiert.
Im Zeichen des Gottes Dionysos habe Nietzsche seine ganze Philosophie versammelt, den Namen des Dionysos als philosophisches Symbol für die geheimnisvolle, unfassbare und unbegreifliche „Ebbe und Flut" der Lebenskraft, für das

unaufhaltsame „Ewig sich selber Schaffen" und „Ewig sich selber zerstören" der Welt, für das endlose „Spiel der Widersprüche" im Herzen alles Seienden gesetzt.

Auf Seite 299 weist Djurik auf die psychologische Sichtweise von Nietzsches Denken hin, die später bei psychologischen Fachwissenschaft zum Allgemeingut werden soll.

Nietzsche hebe besonders hervor, dass das Denken, welches die Logik unseres bewussten Denkens überschreite, keine rein geistige Tätigkeit sei , dass es sich nicht nur in einer bloß intellektuellen Dimension abspiele. Er setze einen viel breiteren und reicheren Rahmen voraus, als es das Bewusstsein sei, es betreffe sowohl Triebe, als auch Leidenschaften, aber auch die sogenannten höheren Mächte der Seele. Sein Träger sei nicht jenes, „ich denke", sondern der ganze Leib, seine Bewegung setzte sich nicht den Sinnen entgegen, sondern wirke durch sie. Dieser Umstand gäbe diesem Denken weder völlige Sicherheit, noch verbürge er die Unfehlbarkeit seiner Ereignisse, aber er erweitere beträchtlich diesen Horizont. Daher nenne der späte Nietzsche seine neue Denkdistanz „große Vernunft" der gegenüber die traditionell anerkannte Kunst nur noch als „kleine Vernunft" erscheint.

Auf Seite 300 schreibt Djuric , dass der Perspektivismus Nietzsches den Durchbruch eines neuen philosophischen Geistes bezeichne, in ihm sei der Entwurf einer radikalen Wendung auf philosophischen Gebiet zu vermuten, mit ihm habe Nietzsche eine wesentlich andersartige Möglichkeit des philosophischen Denkens angedeutet. Vielleicht wäre der Ausdruck „ästhetische Revolution" wirklich zutreffend. Niemand vor Nietzsche habe so deutlich und mit solcher Entschiedenheit gezeigt, dass eine ganz andere Gestalt der Vernunft möglich sei, als jene die in der philosophischen Tradition am meisten anerkannt sei, dass die Vernunft nicht immer die Züge methodischer Strenge tragen müsse, dass sie vielmehr ein Medium der schöpferischen künstlerischen Ekstase werden könne.

Es sei jedoch fraglich, schreibt Djuric weiter, ob hier Nietzsche wirklich eine historische Chance der Menschheit dargestellt habe, ob der Weg des Denkens, den er hier vorgezeichnet habe, überhaupt gangbar sei. Unklar sei nicht nur allein, ob das Denken, welches gleichzeitig das Ganze denke, gelernt werden könne, sondern was es sei, was es lehren könne und wie seine Leistungen überprüft werden könnten. Unklar sei auch, ob dieses Denken ein Denken aller Menschen ohne Unterschied werden könne, oder ob nur wenig Einzelne dazu fähig sind. Es gäbe Gründe genug zu bezweifeln, dass diese Schwierigkeit überhaupt jemals endgültig überwunden werden könne.

Nietzsches Anliegen´, die Philosophie auf einen neuen Weg zu bringen, sie in eine Art künstlerisches Schaffen umzuwandeln, verspreche eigentlich viel mehr, als sie tatsächlich leisten könne. Weder könnten wir ihr leicht folgen, noch können wir sie einfach zurückweisen. Die radikalen Lösungen Nietzsches seien alles andere eher, als überzeugende und verlässliche oder gar allgemein verbindliche Wegweiser. Ihretwegen verlören wir eher die Orientierung, als dass wir zu Besinnung kämen. Darum seien diese Lösungen letzthin nur noch als unabwendbare Mahnungen furchtbarer Gefahren alles Philosophierens am Ende der Metaphysik anzusehen.

Diese Einschätzung empfinde ich als viel zu pessimistisch. Das neue philosophische Denken, von dem hier die Rede ist, wird allerdings nicht in der Schule gelehrt, noch mit in die Wiege gelegt. Deshalb macht es Djuric wohl Angst und er stellt sich Fragen, wie ein solches Denken überprüft werden könnte.

Allgemein verbindliche Wegweiser die uns garantiert nicht in die Irre führen, gibt es allerdings nicht, auch solche, der sogenannten Vernunft. Und was soll es der Menschheit schaden, wenn sie ihre freie Kreativität entdeckt. Die Zahl der Arbeitnehmer am Fließband und sonst wo schwindet, nachdem man ihnen die Armut verordnet hat, sollte man ihnen wenigstens zubilligen, auf neue Art kreativ zu sein. Aber man scheint bis heute eher auf Verelendung dieser Kreise zu setzen, obwohl genügend Mittel vorhanden wären, jedem eine Unterkunft und einen Grundbetrag zur Verfügung zu stellen, anstatt Billionen zu verzocken.

Nachdem sich die Zeichen mehren, dass sich das bürgerliche Zeitalter seinem Ende nähert, könnten die zukünftigen Impulse vielleicht von der Kunst kommen, denn, um dieses geflügelte Zitat von Josef Boys zu verwenden : „Jeder ist ein Künstler" Solche Einsichten lassen hoffen.

Ich selbst bin diesen Weg gegangen. Das lief bis in die achtziger Jahre relativ problemlos. Mit dem dann einsetzenden neokonservativen Gesinnungswandel war es dann aber mit den Nischen und Freiräumen weitgehend vorbei und ich habe gesellschaftlich herbe Einbussen hinnehmen müssen. Dafür habe ich mir aber meine unverwechselbare Individualität bewahren können und meine oft unterbrochene künstlerische Entwicklung immer weiter ausgebaut. Aber noch können diesen Weg wohl nur Einzelne beschreiten.